Samy Molcho
Territorium ist überall

Samy Molcho

Territorium ist überall

ARISTON

Bibliografische Information der Deutschen Bibliothek

Die Deutsche Bibliothek verzeichnet diese Publikation in der
Deutschen Nationalbibliografie; detaillierte bibliografische Daten
sind im Internet unter www.dnb.de abrufbar.

MIX
Papier aus verantwortungsvollen Quellen
FSC® C014496

Penguin Random House Verlagsgruppe FSC® N001967

Redaktion: Maria Koettnitz
Umschlaggestaltung: Martina Eisele Grafikdesign, München,
unter Verwendung eines Fotos von © Nuriel Molcho
Satz: Satzwerk Huber, Germering
Druck und Bindung: GGP Media GmbH, Pößneck

Printed in Germany

ISBN: 978-3-424-20243-4

Vorwort oder warum ich die Idee zu diesem Buch hatte

Während ich als Pantomime tätig war, war ich den größten Teil meiner Zeit auf der ganzen Welt unterwegs. Auf meinen unzähligen Tourneen habe ich viele territoriale Grenzen überquert. Ich war auf fast allen Kontinenten der Welt, bin von Land zu Land und von Stadt zu Stadt gereist.

Dabei war es in den Sechzigerjahren nicht so einfach wie heute, Grenzen zu überqueren. Für viele Länder war ein Visum nötig, auf das man oft wochenlang warten musste, oder man hatte bei der Einreise unzählige Formulare auszufüllen. Jedenfalls musste man den Zweck seiner Reise sehr genau definieren und begründen. Tourismus war damals – wohl auch deswegen – nicht so populär wie heute. Heute reisen wir ganz selbstverständlich privat wie geschäftlich von Land zu Land und überqueren Grenzen – oft ohne uns ausweisen zu müssen oder überhaupt zu realisieren, dass wir eine Staatsgrenze überschreiten. Für viele Staaten ist Tourismus zur Haupteinnahmequelle geworden. Es ist völlig normal geworden, sich kreuz und quer durch die Welt zu bewegen.

Aber zurück zu meiner Zeit, als ich auf Welttournee war. Bei jeder Überquerung einer Grenze war mir klar, dass ich nicht nur physische territoriale Gebiete bereise, sondern mich auch von einem kulturellen Territorium zum anderen bewege. Wenn wir im alltäglichen Sprachgebrauch von Territorium sprechen, meinen wir üblicherweise politisch definierte Gebiete wie Staaten, Städte oder

Ortschaften. Auch wenn wir im Lexikon nachschauen – oder heute eher Suchmaschinen im Internet befragen –, bezieht sich die Definition von Territorium überwiegend auf politisch definierte Gebiete.

Aber ist wirklich nur *das* Territorium?

In meinem Lebensalltag habe ich so viele Situationen erlebt, in denen Menschen ein territoriales Verhalten zeigten, und zwar so, wie wir es in Zusammenhang mit politisch festgelegten Gebieten kennen. Doch es ging und geht dabei oft gar nicht um physische Gebiete.

Mit diesem Buch möchte ich Sie auf eine kleine Reise mitnehmen. Ich lade Sie ein, mich und meine Gedanken zu begleiten, so, wie ich meinen Gedankenfluss erlebe, so, wie ich den Alltag ohne Filter sehe. Es ist weder meine Absicht, für alle angesprochenen Themen Lösungen anzubieten, noch soll dies eine akademische, wissenschaftlich untermauerte Arbeit sein.

Folgen Sie mir einfach in meine Gedankenwelt. Da ist vieles spontan, oft sprunghaft und fast immer assoziativ. Das erklärt sich am besten so: Wenn ich spazieren gehe, kann es passieren, dass meine Gedanken sich mit einem Thema beschäftigen, meine Augen aber etwas registrieren, was in meiner Umgebung passiert und mich von meinen ursprünglichen Gedanken ablenkt. Ich nehme beispielsweise ein Kind wahr, das gerade durch Schreien versucht, seine Eltern zu überzeugen, ihm Eiscreme zu kaufen. Schon wandern meine Gedanken zu meiner Großmutter, die mir immer ein Eis gekauft hat – auch ohne, dass ich schreien musste. So ist auch dieses Buch verfasst. Ein Gedanke bringt mich zum nächsten, und schon bin ich wieder bei einem anderen Thema. Ich hoffe, Sie verzeihen es mir, wenn Ihnen das manchmal sprunghaft erscheint.

Gedankensplitter und Beobachtungen, die ich in den letzten Jahren gesammelt habe, regten mich letztendlich zu diesem Buch an. Es ist ein Mosaik geworden, mit dem ich hoffe, Ihnen am Ende eine neue Sichtweise zu vermitteln – über das, was uns im Alltag überall begegnet und uns nicht immer bewusst ist. Vielleicht gewinnen Sie eine neue Perspektive, die Ihnen einen anderen Blick auf unser Verhalten und unser soziales Leben ermöglicht.

Meine Gedanken und Beobachtungen bewegen sich immer weiter vorwärts. Das erinnert mich an ein Gedicht des großen libanesisch-US-amerikanischen Malers, Philosophen und Dichters Khalil Gibran über die Sorge und Angst der Flüsse. Sie können nur in eine Richtung fließen, immer nur weiter nach vorne zum Meer hin. Jeder Fluss hat trotzdem seinen eigenen Charakter sowie seine eigene Art. Er wird weitergetrieben und kann nicht mehr zurückfließen. Am Ende bilden alle Flüsse zusammen ein neues großes Ganzes, einen Ozean. Genauso verhält es sich mit meinen Gedanken. Sie fließen weiter und weiter in eine Richtung und ergeben zum Schluss meinen Gedankenozean, das Gesamtbild dieses Buches – Territorium ist überall.«

Während ich dieses Buch geschrieben habe, hat ein Virus namens Corona unser Leben und unseren Alltag stark verändert. Neue Spielregeln im sozialen Umgang miteinander beeinflussen vorübergehend unser Leben. Wir halten mehr Distanz zueinander, tragen Masken und sind zum Teil von Angst getrieben. Ich hoffe, dass das alles bald vorbei ist. Im Kern ändert aber dieses Virus nichts an dem, was unserem territorialen Verhalten zugrunde liegt. Daher werden Sie in diesem Buch auch keinen weiteren Hinweis dazu finden.

Teil I
Die physische Welt

Territorium ist überall – ein paar Alltagssituationen

Ich sitze mit meinem Freund an einem Kaffeehaustisch. Wir trinken etwas und essen eine Kleinigkeit. Kaffeehaustische sind in der Regel nicht sehr groß, allerdings haben wir beide ausreichend Platz für unsere Gläser und zwei kleine Teller. Während wir angeregt plaudern, schiebt mein Freund sein Glas plötzlich einfach von sich weg über die Hälfte des Tisches in meine Richtung. Von diesem Moment an haftet mein Blick auf diesem Glas. Der Freund spricht weiter. Ich versuche, mich auf das zu konzentrieren, was er erzählt, aber irgendetwas stört mich. Mein Blick geht immer wieder zu diesem Glas zurück. Ich bin irritiert: Warum macht er das? Und warum stört mich das überhaupt? Ich brauche ja diesen Platz auf dem Tisch momentan nicht. Trotzdem kann ich mich schwer auf das Gesagte konzentrieren. Meine Gedanken schweifen immer wieder zu diesem Glas. Und dann regt sich ein Impuls in mir. Ich versuche, so zu tun, als ob ich angeregt zuhören würde, und ganz leicht bewegt sich meine Hand in Richtung Glas; ich schiebe es langsam zurück auf »seine« Tischhälfte und bin wieder ruhig und konzentriert.

Warum stört es uns, wenn jemand einen Gegenstand wie ein Trinkglas oder irgendetwas anderes – im Büro vielleicht Papier oder Unterlagen – in unsere Richtung über »seine« Hälfte des Tisches hinausschiebt? In der oben beschriebenen konkreten Situation sind wir noch dazu in einem öffentlichen Raum. Weder mir noch ihm gehört der Tisch. Trotzdem stört es mich. Warum?

Szenenwechsel: Wir sind in einer Firma. Der Boss reißt, ohne anzuklopfen, die Tür ins Büro der Sekretärin auf und wirft ein paar Akten und Papiere auf ihren Tisch. Er murmelt etwas wie »Das ist zu erledigen« und verschwindet wieder in sein Zimmer. Die Sekretärin schaut auf diese Akten und Papiere auf ihrem Tisch, und ihr Blick wandert zur Tür, wo ihr Boss eben verschwunden ist. Dieser Blick ist stechend und böse. Sie ist irritiert. Etwas stört sie. Es ist zwar ihre Aufgabe, Dinge für ihren Chef zu erledigen, aber die eben erlebte Szene stört sie; sie empfindet sie als unangenehm. Sie kann dieses Verhalten ihr gegenüber nicht akzeptieren und es dürstet ihr nach einer kleinen Racheaktion – nicht so richtig schlimm, aber so eine kleine Aktion schwebt ihr schon vor: Aufgaben, die sie »vergisst«, nicht sofort erledigt oder Ähnliches. Damit will sie ihrem Chef zeigen, dass er so etwas nicht machen sollte. Er soll gefälligst *ihre* Ordnung auf *ihrem* Schreibtisch respektieren und nicht Staub aufwirbelnd alles durcheinanderbringen. Er kann ihr die Dokumente doch auch in die Hand geben oder fragen, wo er sie hinlegen soll. Aber ist sein rüdes Verhalten der einzige Grund, weshalb sie sich ärgert? Warum fühlt sie sich so gestört?

Eine andere Situation habe ich vor einigen Jahren im Flugzeug erlebt. Damals gab es noch keine festen Sitzplätze, jeder konnte seinen Platz selbst auswählen. Ich steige also in den Flieger ein und suche nach einem geeigneten Platz für mich. Ein Herr sitzt in einer Dreierreihe auf dem Mittelplatz. Den Fensterplatz rechts neben ihm besetzt seine Tasche, den Gangplatz links neben ihm hat sein Mantel eingenommen. Ich stehe da und hätte gern den Gangplatz. Mir ist klar, dass die Plätze neben dem

Herrn grundsätzlich frei sind. Also überwinde ich mich und frage: »Verzeihung, ist hier noch frei? Kann ich hier sitzen?« Ich ernte einen strafenden Blick, der mir signalisiert: »Siehst du nicht, ich habe die Plätze doch gerade belegt, also markiert.« Pause – dann reagiert der Herr. Leicht missmutig und etwas in sich hineinmurmelnd nimmt er den Mantel weg, legt ihn zur Tasche rechts neben sich. Ich darf mich auf den Gangplatz setzen.

Im Flugzeug gibt es diese Platzkonflikte heute zum Glück nicht mehr, jeder hat seine Bordkarte mit einem zugewiesenen Sitzplatz. Aber in öffentlichen Wartebereichen, etwa am Gate im Flughafen, erleben wir Situationen wie diese immer noch häufig. Wir ärgern uns dann. Aber ist es wirklich nur ein unhöfliches bis rüdes Benehmen, das uns stört? Oder steckt noch etwas anderes dahinter? Bevor wir dazu kommen, bleiben wir noch bei den Emotionen, die solche Szenen in uns wachrufen.

Emotionen

Solche und ähnliche Fälle, wie ich sie gerade beschrieben habe, kennen Sie sicher auch aus Ihrem persönlichen Alltag. Jemand beansprucht Raum, der eigentlich öffentlich ist und damit allen zur Verfügung steht. Diese Person »kapselt sich ab«, geht quasi auf Tauchstation und ignoriert ihre Umgebung und die Tatsache, dass auch andere Platz brauchen und das gleiche Recht auf Raum haben.

Und? Wie haben Sie sich in so einer Situation gefühlt? Bestimmt hatten Sie ein unangenehmes Gefühl und waren irritiert. Wiederholen sich solche Situationen häufig, stört uns das. Der »Verdrängte«, aber auch der »Verdränger« empfinden es als unangenehm. Und dann kommt es zu Konflikten. Konflikte werden immer von Emotionen begleitet. Auf der Sachebene können wir das Thema klären und Lösungen finden. Auf der Gefühlsebene sind wir unangenehm berührt, gestört oder irritiert. Der Konflikt schwelt also weiter.

Warum ist das so? Warum ärgern wir uns? Warum sind wir irritiert? Machen wir uns ein paar Gedanken darüber, warum wir solche kleinen Alltagsszenen als so störend empfinden. Was passiert da mit uns?

Emotionen entstehen und sind als Tatsachen zu akzeptieren. Sie zu unterdrücken oder gar zu ignorieren, ist keine Lösung. So wie ein Ball voller Luft nicht unter Wasser bleibt – er wird immer wieder zur Oberfläche kommen –, so verhält es sich auch mit Emotionen. Nehmen wir sie aber wahr, akzeptieren sie und gehen ihnen auf den Grund, kommen wir der Ursache unseres Unwohlseins schon einen Schritt näher. Je mehr ich weiß und je mehr Informationen ich über den Grund meines Ärgers habe, umso besser kann ich damit umgehen und das Problem vielleicht sogar lösen. Kenne und verstehe ich den Auslöser oder die Ursache für mein Gefühl, kann ich damit, und mit der Situation an sich, besser umgehen. Entweder kläre ich es direkt mit meinem Gegenüber, oder ich kläre es mit mir selbst, indem ich herausfinde, was es genau ist und warum es mich stört. Die Auflösung des Ärgers in uns selbst ist nur möglich, wenn wir den Grund kennen und uns damit auseinandersetzen.

In den oben erzählten Beispielen geht es um Territorium beziehungsweise territoriale Verletzungen. Aber was ist ein Territorium eigentlich? Und warum stören uns Beeinträchtigungen desselben?

Territorium – was ist das?

Wir kennen den Begriff hauptsächlich als geografische oder geopolitische Einheit: Ein festgelegtes Gebiet, ein Land oder ein Staat sind Territorien. Darüber hinaus wird der Begriff auch in der Tierwelt verwendet, und zwar im Zusammenhang mit dem Revier von Tieren. Auch da geht es um ein bestimmtes Gebiet, in dem sich die Tiere aufhalten, in dem sie leben. Aber bezeichnet der Begriff »Territorium« wirklich nur etwas Physisches? Geht es nicht um noch viel mehr?

Territoriales Verhalten ist ein angeborener Instinkt. Ursprünglich hat dieser Instinkt mit dem nackten Überleben zu tun. Und was mit dem Überleben zu tun hat, ist für uns klarerweise lebenswichtig. Das territoriale Gefühl, der Wunsch, unser Territorium zu verteidigen, ist seit Urzeiten so stark in uns verankert, dass wir dieses Gefühl nicht außer Acht lassen, nicht verdrängen können. Klären wir aber nun, was »Territorium« als erweiterter Begriff bedeutet.

Das lässt sich einfach formulieren: *Territorium* ist ein Gebiet (nicht nur physisch, sondern auch geistig), das jemand in Besitz nimmt und in bestimmter Art und Weise »markiert«. Andere erkennen dann sofort: Dieses markierte Gebiet gehört X oder Y. Selbstverständlich verteidigt X oder Y dieses Gebiet vor Eindringlingen. Das ist das Grundprinzip, von dem ich ausgehe und das ich in diesem Buch in verschiedenen Ausprägungen behandle.

Machen wir zuerst einen kurzen Ausflug in die Tierwelt. Hier können wir ein paar Grundarten territorialer Markierung gut beobachten. Eine davon ist der Geruch. Die Geruchsdrüsen werden von Tieren an Baumstämmen oder Ästen gerieben und hinterlassen dort eine sehr individuelle Note, eine Duftmarke. Bei uns Menschen ist das nicht viel anders. Mit dem natürlichen Körpergeruch mischt sich heute das Parfum einer Frau oder das Rasierwasser eines Mannes. Je intensiver die Duftnote, desto stärker ist auch die Markierung. Hält sich eine Frau mit einem intensiv duftenden Parfum in einem Raum auf, bleibt ihre Duftmarke dort lange erhalten und ist selbst dann noch wahrnehmbar, wenn sie den Raum längst verlassen hat. Ihre Duftnote überdeckt andere Gerüche und markiert beziehungsweise »besetzt« den Raum, obwohl sie nicht mehr anwesend ist. Männer stehen dem nichts nach, wenn sie ein intensiv riechendes Rasierwasser verwenden oder Zigarren rauchen.

Tiere reiben ihr Fell zur Markierung an allen möglichen Gegenständen und hinterlassen dabei auch kleine Fellreste. Wir Menschen reiben uns heutzutage eher weniger an Mauern oder Türen, aber wir verwenden Gegenstände, die uns gehören, zum Beispiel Kleider, Schuhe, Zahnbürsten oder Ähnliches. Wir lassen die Dinge überall liegen und zeigen so, dass wir *da* sind. Wir werden noch später auf die Rolle der Markierung in unserem Alltag zu sprechen kommen.

Apropos: An dieser Stelle möchte ich Ihnen eine kleine Geschichte aus meinem Privatleben erzählen, die mir mein eigenes Territorialverhalten im Sinne einer Reviermarkierung zum ersten Mal bewusst gemacht hat. Bei einem Besuch im Berliner Zoo war ich fasziniert vom Verhalten der Menschenaffen. Während ich die Tiere beobachtete, kam der Wärter, um den Käfig zu reinigen. Um diese Arbeit ungestört ausführen zu können, trieb er zunächst alle Affen ins Außengelände. Mithilfe eines Wasserschlauchs reinigte er dann sehr gründlich den gesamten Käfig. Er spülte sehr sorgfältig alle Hinterlassenschaften der Tiere gründlich weg – und damit auch alle Gerüche und sonstige Reviermarkierungen – auch die des Alpha-Affen.

Als der Tierpfleger seine Arbeit beendet hatte, öffnete er die Tür zum Innengehege. Schnell wie ein Blitz stürmte der Alpha-Affe vor allen anderen ins Gehege und sprang sofort von einem Ast zum nächsten. Er vertrieb seine Mitbewohner von ihren Plätzen und zeigte ihnen ganz klar: »Hier bin ich der Boss!« Er markierte jede Ecke im Affenkäfig. Nachdem er allen klargemacht hatte, wer hier die Führung innehat, nahm er auf dem obersten Ast Platz und ließ ganz entspannt den Versuch seiner Lieblingsäffin zu, ihm die Läuse aus dem Fell zu entfernen.

Plötzlich wurde mir klar, dass ich zu Hause ein ähnliches Verhalten an den Tag lege, das ich mir bis dato nie so richtig hatte erklären können. Nein, nein, keine Sorge, ich hüpfe nicht im Garten von Ast zu Ast oder vertreibe meine Mitbewohner. Aber wenn ich nach längerer Abwesenheit, zum Beispiel nach einer Tournee oder einer Seminarreihe, nach Hause zurückkehre, betrete ich Räume, in denen meine Familie in der Zwischenzeit ihren Alltag ohne meine Anwesenheit weitergeführt hat. Und was mache ich dann? Kaum bin ich zu Hause angekommen, renne ich wie von der Tarantel gestochen von einem Zimmer ins andere, mache sinnlos Schubladen auf und zu, ohne etwas Besonderes zu suchen. Danach gehe ich meiner Familie auf die Nerven und meckere, dass gewisse Dinge nicht an ihrem Platz seien.

Vor dem Affengehege im Berliner Zoo fiel es mir wie Schuppen von den Augen: »Ich benehme mich genauso wie dieser Alpha-Affe und markiere mein Territorium.« Unbewusst ärgert es mich vielleicht, dass der Familienalltag auch ohne mich gut funktioniert. Ein Gespräch mit meiner Familie half, die Situation in den Griff zu bekommen. Ich habe mein Verhalten erklärt und gebeten, mich den ersten Tag »von Ast zu Ast« beziehungsweise von Zimmer zu Zimmer toben zu lassen, um ihnen zu zeigen, dass ich wieder da bin. Ich bin schließlich immer noch der Alpha-Affe im Haus ...

Aber warum brauchen wir eigentlich ein Territorium, das wir in Besitz nehmen, markieren und verteidigen? Machen Sie mit mir eine Reise weit zurück in die Geschichte der Menschheit ...

Die Wurzeln reichen sehr weit zurück

Beamen wir uns also in die Zeit der Sammler und Jäger zurück. Zu dieser Zeit wandern wir Menschen umher und suchen uns Lebensräume, in denen es Wasser gibt, in denen wir Nahrung finden und uns sicher fühlen können. Einzelne Menschen und ganze Gruppen setzen sich in Bewegung, um ein gutes Fleckchen Erde zu finden. Findet jemand dann ein gutes Gebiet mit ausreichend und hochwertiger Nahrung für sich und seine Familie oder seine Gruppe, versucht er selbstverständlich erst einmal, dieses Gebiet zu markieren. Damit signalisiert er anderen, dass dieser Platz besetzt ist und dass er ihn vor Eindringlingen von außen verteidigen wird. Will noch jemand dieses Territorium für sich beanspruchen, muss er entweder kämpfen oder sich zunächst einmal unterordnen. Grundsätzlich werden aber Eindringlinge im gleichen Nahrungsraum nicht gern gesehen. Nahrung ist lebensnotwendig für uns. Haben wir ausreichend Nahrung, können wir eine Familie gründen und uns vermehren. Sobald das Essbare zu Ende geht oder das Jagdgebiet nicht mehr so gut ist, wie es einmal war – je weniger Tiere es gibt, umso schwerer wird die Jagd –, ist es Zeit weiterzuziehen. Wir suchen ein neues Gebiet. Dieses wird erkämpft oder erobert und so in Besitz genommen. Wir markieren seine Grenzen und versuchen, unseren Lebensstil sowie unsere Lebensart im neuen Territorium weiter zu pflegen.

Der Kampf um ein Territorium

Wie ich bereits erwähnte, müssen wir kämpfen, um ein Territorium zu gewinnen, und dann müssen wir es verteidigen. Das bedeutet oftmals wieder Kampf. In der Natur gilt das Recht des Stärkeren. Zumindest sagt das so manche Theorie. Selbstverständlich brauchen wir Stärke, um zu überleben. Aber das heißt nicht – wie diese Theorien das oft vermuten lassen –, dass andere gleich getötet werden müssen. Es gibt noch andere Möglichkeiten, Stärke zu demonstrieren. Der Kampf um ein Territorium ist meist anders als der Kampf während der Jagd um Nahrung. Zuerst findet immer ein Ritual von Imponiergehabe statt. Oft reicht das ja schon, und es kommt gar nicht erst zu einem Kampf. Das Imponiergehabe ist erst mal ein Versuch, den anderen einzuschüchtern. So erkennt er unsere Kraft und sieht, dass wir bessere Chancen haben und er im Kampf vermutlich unterliegen würde. Wir zeigen Stärke und Größe schon in der Hoffnung, dass der Gegner auf einen Kampf verzichten und unsere Dominanz, unsere Herrschaft, akzeptieren wird. Das erspart oft Verletzungen auf beiden Seiten. Verletzungen mindern nämlich die Überlebenschancen, vor allem auf der Seite des eigentlich Überlegenen.

Interessant ist in dem Zusammenhang auch, dass die Eroberung von Territorien und von Jagdgebieten normalerweise Aufgabe der Männer war. Es war immer Männerarbeit, Gebiete zu erobern, zu erkämpfen und zu verteidigen. Deswegen haben Männer einen kräftigeren Körper, sind größer, haben stärkere Muskeln und in der Regel mehr Gewicht als Frauen. Allein schon der Optik wegen: Je größer und stärker der Mann, umso größer ist seine Chance, zu gewinnen und den Gegner allein mit Drohgebärden einzuschüchtern: »Schau, wie groß und wie stark ich bin; es lohnt sich also nicht, mit mir zu kämpfen.« Und es wirkt!

Stellen wir uns mal so eine Begegnung mit Imponiergehabe vor. Was passiert da? Die Akteure stehen breitbeinig da, um einen festen Stand und generell eine bessere Position zu haben. Sie breiten ihre Arme weit aus und brüllen aus voller Kehle. Gut gebrüllt, Löwe! Die starke, laut brüllende Stimme zeigt, wie viel Energie und Kraft jemand hat. Eine tiefere Stimme, ein lauteres Brüllen schüchtert ein. Wer lauter brüllt, hat ein größeres Lungenvolumen, und das heißt, er kann länger und intensiver kämpfen – er hat den längeren Atem.

Ein weiteres Mittel, jemandem zu imponieren, ist das Haar. Es sträubt sich und vergrößert so das Volumen des Körpers. Gleichzeitig bildet es eine kühlende Isolierschicht für den Körper. Bei einem Kampf erzeugt der Körper Wärme und braucht Kühlung. Nicht umsonst heißt es, man müsse »einen kühlen Kopf bewahren«.

Nun hat aber nicht jeder Mann eine Löwenmähne, die sich sträuben kann. Aber es gibt Abhilfe – ein Bart. Der Bart verbirgt die wahre Größe des Unterkiefers und lässt ihn automatisch größer wirken. Ein großer Unterkiefer zeugt von einer besseren und stärkeren Bisskraft. Der Mann wirkt also damit kräftiger.

Vermutlich ist der Bart bei jungen Männern heute deshalb auch so in Mode. Ich glaube, dass ein Bartträger bewusst oder unbewusst einen Kontrapunkt setzt: zur Emanzipation der Frauen und ihrer sozialen Rolle in unserer heutigen Zeit. Frauen werden stärker, Männer auch.

Aber gehen wir wieder zurück in die Urzeit, in die Zeit der Jäger und Sammler.

Haben wir unser Territorium erfolgreich erkämpft oder verteidigt, hat der Unterlegene zwei Möglichkeiten. Variante eins: Er verlässt das Gebiet und sucht sein Glück anderswo, dort vielleicht als Alphatier. Variante zwei: Er ordnet sich unter und erkennt das Recht des Siegers an. Welche Variante gewählt wird, hängt letztendlich von der Persönlichkeit, der Kampfeslust und Kraft des Mannes ab.

Wenden wir uns jetzt einmal von den Männern ab und betrachten die Rolle der Frauen in dieser Zeit. Ihre Aufgabe war es nicht, zu kämpfen. Sie waren Sammlerinnen im Gebiet des Siegers. Sie suchten und sammelten Früchte, Pilze, Wurzeln oder andere essbare Pflanzenbestandteile, denn das war oft die Hauptnahrung. Nicht immer lief dem Mann ein Mammut vor den Speer. Frauen bekamen Kinder und kümmerten sich auch um den Nachwuchs. Deshalb konnten sie auch nur in ihrer unmittelbaren Umgebung Nahrhaftes sammeln.

Sie sind deswegen grundsätzlich kleiner von Statur und verfügen über eine geringere Muskelmasse. Ihre Stimme ist normalerweise eine Lage höher. Warum? Wir haben gerade festgestellt, dass die Nachwuchspflege eine der Hauptaufgaben war. Und wie wir wissen, reagieren Babys positiver auf eine höhere als auf eine tiefere Stimme, wie sie Männer haben. Das ist aber nicht der einzige Grund, weshalb Frauen eine höhere Stimme haben. Bei Gefahr kann sich die höhere Stimme besser durchsetzen – der Hilfeschrei wird eher gehört: »Ich bin in Gefahr! Der Nachwuchs ist in Gefahr!« Die Frau schreit in der Hoffnung, dass der Mann kommt, um ihr zu helfen und den Eindringling einzuschüchtern oder zu verjagen. Und damit wird das Territorium geschützt.

Besitz und Paarung – was hat das miteinander zu tun?

Gehen wir noch einen Schritt zurück. Wie kommen die Sammlerinnen und die Jäger überhaupt zusammen? Datingplattformen gibt es zu dieser Zeit noch nicht, und im Supermarkt kann man sich auch nicht über den Weg laufen. Also funktioniert es folgendermaßen: Männer erkämpfen und erobern Territorien. Je besser das Gebiet, umso mehr Chancen haben sie, Frauen zu beeindrucken. Sie haben mehr anzubieten, um eine Familie zu gründen und sich fortzupflanzen. Aber weit gefehlt – nicht der Jäger oder das Alphamännchen sucht sich eine Frau. Nein, es ist die Frau, die ihr Alphatier unter mehreren Männern auswählt. Sie prüft sehr genau, ob das Objekt ihrer Begierde ausreichend Nahrung bietet sowie Schutz für sie und ihren Nachwuchs verspricht. Kann der Bewerber mit einem großen, guten und nahrungsreichen Gebiet punkten, ist das schon die halbe Miete.

Jetzt verstehen Sie, warum Besitz für Männer so wichtig war und immer noch ist. Auch wenn wir uns längst aus der Urzeit wegentwickelt haben, ist der Besitz für einen Mann oftmals immer noch wichtiger als eine Frau. Ein gutes Territorium und ausreichend Besitz vergrößern seine Chancen, das beste »Weibchen« zu bekommen. Und sollte was schiefgehen, hat er immer noch den guten Besitz, um eine neue Dame zu beeindrucken. Dazu kommt noch ein weiterer Aspekt: Als Alpha-Mann bekommt er eine gute, gesunde und schöne Frau, was wiederum einen besseren, gesünderen Nachwuchs verspricht – Naturselektion sozusagen. Das ist übrigens heute nicht viel anders.

Was zeichnet aber eigentlich das beste »Weibchen« aus? Welche Eigenschaften zeichnen eine gute Frau aus? Im Prinzip denken wir heute an Eigenschaften wie gut aussehend, klug, sozialverträglich. Und wir schätzen eine gute Zuhörerin, eine gute Gesprächspartnerin. Schönheit spielt dabei – zumindest auf den ersten Blick – eine nicht unwesentliche Rolle. Attraktivität wirkt. In der Natur wird Schönheit übrigens mit Gesundheit gleichgesetzt. Wer gesund ist, wirkt vital, anziehend und damit schön.

Wann gilt ein Mensch als schön? Unser Körper hat zwei Seiten, eine linke und eine rechte. Sie sind von Natur aus nicht gleich. Je ähnlicher beide Seiten sind, umso harmonischer und schöner erscheint uns ein Mensch. Gleichen sich auch beide Gesichtshälften, ist das Gesicht also symmetrisch, empfinden wir es ebenfalls als schön.

Ein gut proportionierter Körper ist meist auch ein gut funktionierender Körper und daher gesund. Stellen Sie sich vor, ein Bein wäre zu kurz oder der Kiefer ganz schief. In der Urzeit hatte so ein Lebewesen leider nur geringe Überlebenschancen.

Unsere Haustiere, ganz gleich ob Hund oder Katze, beurteilen wir als gesund, wenn das Fell glänzt. Beim Menschen macht sich die Kosmetikindustrie das bis heute zunutze. Sie wirbt mit strahlender Haut und glänzenden, schön fließenden Haaren. Sie kennen das sicher auch: Wenn Sie sich einmal nicht wohlfühlen, wenn Sie Sorgen haben oder von schlechter Laune geplagt werden, ist Ihr Haar glanzlos oder strubbelig, und Ihre Haut wirkt fahl und neigt vielleicht zu Unreinheiten. Man sieht uns an, dass wir nicht im Reinen mit uns sind. Wir wirken angeschlagen und einfach nicht gesund. Unter anderem ist für Frauen daher eine gesunde Haarpracht bis heute wichtig.

Auch ein Körper, der sich geschmeidig und fließend bewegt, lässt darauf schließen, dass er gesund ist. Wirken alle Körperteile harmonisch zusammen, können Energie und Kraft ungehindert durch den Organismus fließen. So ist sichergestellt, dass es zu keiner Verletzung, keiner Behinderung kommt. Im Fall einer Behinderung, Verletzung oder anderen Hemmung im Körper fließen die Bewegungen nicht mehr. Sie werden unrhythmisch, langsam und energielos. Je fließender die Bewegungen, umso harmonischer und gesünder ist das Lebewesen, und seine Überlebenschancen sind damit größer.

Vielleicht schicken Mütter deswegen ihre Töchter zum Tanz- oder Ballettunterricht, damit sie dort lernen, sich elegant und geschmeidig zu bewegen.

Auch seelische Probleme erzeugen Blockaden und hemmen den Bewegungsfluss. Muskeln und Gelenke blockieren, der Körper ist zum Beispiel gebeugt, und die Bewegungen können nicht fließen. Dasselbe Erscheinungsbild zeigt sich übrigens bei Energielosigkeit, wenn beispielsweise die Hände bewegungslos links und rechts am Körper herunterhängen. Gehemmte oder energielose Bewegungen sind weder schön für unser Auge noch gesund. Wir haben also hier eine Reihe von Merkmalen, die Gesundheit manifestieren und damit bessere Chancen für einen gesunden Nachwuchs erahnen lassen. Männer punkten beim Paarungsritual mit ihrer Kraft und ihrem Erfolg, Frauen mit Gesundheit und Schönheit. Das ist heute nicht viel anders als in der Urzeit. Wenn auch heute teilweise andere Werte und Bedürfnisse in unserem sozialen Leben gelten, Rudimente der Urzeit erkennen wir immer noch in den heutigen Paarungsritualen.

Wie kommt die Urzeit-Frau jetzt aber in das Territorium eines Mannes? Sie nähert sich langsam, sie ist vorderhand keine Bedrohung für die Männer. Sie schaut sich sorgfältig um und prüft eingehend, wie gut das Gebiet ist. Ist das Gras grün und saftig genug? Gibt es ausreichend Wurzeln, Früchte, Tiere oder andere Nahrung? Die Chance auf einen Flirt zwischen ihr und dem Alphamännchen besteht erst, nachdem sie das Revier des Mannes einer eingehenden Prüfung unterzogen und es bewertet hat. Erst danach wendet sie sich dem Mann zu, und Annäherungsrituale sind möglich. Der Mann, der sein Territorium erkämpft hat, fühlt sich selbstverständlich als Alphatier, er ist stolz und hat etwas anzubieten.

In der Tierwelt, vor allem bei Säugetieren, vollziehen sich diese Annäherungsrituale – bis hin zur Kopulation, die die Fortpflanzung der Spezies sichert – normalerweise im Frühling. Das ist auch in der Natur der Zeitpunkt, in dem alles sprießt, neu entsteht. Neue Territorien werden erkämpft, eine Vermehrung der Spezies findet statt.

War die Annäherung erfolgreich und hat das Alphatier gewonnen und sich das beste Weibchen gesichert, verzichten Konkurrenten, die vielleicht auch um das Weibchen gekämpft haben, und ziehen sich zurück. Das zweite und das dritte Männchen müssen sich dann auch mit dem zweit- oder drittbesten Weibchen begnügen, mit dem sie vielleicht kopulieren dürfen. Oder sie verziehen sich ganz und suchen ein anderes Revier, vielleicht mit der Chance, selbst ein neues Territorium zu erobern. In diesem können sie dann möglicherweise das Alphamännchen sein und ein besseres Weibchen anziehen. Oder sie warten überhaupt bis zur nächsten Saison, wenn wieder neue Kampfrituale stattfinden.

Warum bleibt ein Mann bei Frau und Kindern? Und wie lange? Gewisse hormonelle Ausschüttungen veranlassen ihn dazu, bei seiner Frau und seinen Kindern zu bleiben. Die Natur hat ihm ein großes Genussversprechen gegeben: Die Frau bietet ihm Sexualität, und das – anders als bei den meisten Tieren – nicht nur zur Paarungszeit, sondern das ganze Jahr über. Je besser die Sexualität ist, die

die Frau bieten kann, umso eher bleibt der Mann bei ihr. Außerdem braucht ein Menschenkind länger, bis es auf eigenen Beinen stehen und sich fortbewegen kann, und es ist damit einige Jahre von den Eltern abhängig. Daher ist es auch im Interesse der Frau, den Mann lange an ihrer Seite zu halten. Keinesfalls möchte ich jetzt die Rolle von Mann und Frau auf die Sexualität reduzieren. Selbstverständlich geht es aufgrund unserer sozialen Entwicklung heute in einer Beziehung auch um Gefühle, geistigen Austausch und um viele weitere Dinge, die Menschen aneinanderbinden. Menschen bleiben nicht nur zusammen, weil die Sexualität stimmt – es müssen auch andere Kriterien erfüllt sein. Auf jeden Fall geht es aber immer um einen Austausch, ein Geben und ein Nehmen.

Fassen wir zusammen: Bis heute also ist für viele Männer – so wie in der Tierwelt – der Besitz eines Territoriums (oder eines Vermögens) zunächst wichtiger als die Verbindung mit einer Frau. Um eine gute Frau zu bekommen, braucht der Mann ein gutes, entsprechend großes Gebiet und muss eine sichere Lebensqualität bieten können. Kann er das nicht, reduzieren sich seine Chancen, dass die Angebetete ihn überhaupt findet und dann auch bei ihm bleibt. Bis heute beobachten wir das bei vielen Männern: Sein Besitz und sein Vermögen sind ihm oft wichtiger als die Partnerin. Der Mann muss ein ansehnliches Vermögen haben. Er braucht ein Grundstück, ein Haus oder zumindest eine große Wohnung sowie eine Erfolg versprechende Ausbildung; er muss etwas anbieten, um zeigen zu können: Ich kann ernähren, ich kann auch für den Nachwuchs sorgen. Unsere natürliche Prägung gibt vor, dass Männer etwas anbieten müssen, damit sie als erfolgreich gelten. Ob richtig oder falsch – ja, manchmal traurig –, diese biologische Eigenschaft oder dieser Impuls sitzt noch immer in uns drin. Über dieses Phänomen und die Weiterentwicklung der Männer aber später noch etwas mehr. Wenn es um die Liebe geht, sind bei uns Menschen diese Regeln sowieso sekundär.

Gemeinsam sind wir stärker

Zurück zu unseren Urahnen: Sind die eroberten oder erkämpften Gebiete gut, dann können wir größere Familien bilden. Wir beginnen uns langsam in Gruppen – auch außerhalb der Familie – zu organisieren. Wir entdecken, dass eine größere Gemeinschaft uns mehr Kraft, mehr Stärke, mehr Rückhalt bietet als eine Einzelperson oder eine kleine Familie. In einer Gruppe lässt sich etwa die gemeinsame Jagd besser koordinieren. Große Tiere können in Kooperation mit mehreren Menschen eher besiegt werden. Ein Mensch allein tut sich schwer, ein Mammut zu erlegen. Und hat er es tatsächlich geschafft, steht er hilflos vor dem toten Tier und kann es allein nicht wegbewegen. Die Augen waren dann wohl größer als die Körperkraft. Große Tiere versprechen im Gegensatz zu leicht erlegbaren Kleintieren mehr Nahrung, die länger hält. Das sichert eine bessere Ernährung für die Familie und das soziale Umfeld. Zusammen ist man nun mal stärker als allein.

Die Bildung von Gruppen, also sozialen Gemeinschaften, entsteht also aufgrund eines gemeinsamen Interesses – alle profitieren davon. Die Verbundenheit mit den anderen, der Gruppe, wird durch das gemeinsame Interesse aufrechterhalten. Sie verleiht Stärke. Sie funktioniert mit einem gehörigen Maß an gegenseitigem Vertrauen und dem gemeinsamen Wunsch, etwas zu verteidigen, das man als Gruppe besitzt (etwa das ganze Mammut) und gegen Eindringlinge verteidigt.

Das heißt aber noch lange nicht, dass alle in der Gruppe auch die gleichen Rechte haben. Das Alphatier behält selbstverständlich seinen höheren Rang vor den anderen Mitgliedern der Gruppe. Es ist das anerkannte Oberhaupt und wird von den anderen geschützt. Wie das funktioniert? Machen wir dazu wieder einen kleinen Ausflug in die Tierwelt: In einem Rudel beobachten wir, dass das Alphatier, der Anführer, sich immer in der Mitte aufhält. Damit ist die Mitte des Reviers schützenswerter, als die Randgebiete. Der Grund dafür wird schnell klar: Ein Eindringling nähert sich vom Rand, also von der äußeren Grenze her. Findet ein Raubtier eine Gruppe von Beutetieren, schleicht es rund um die Gruppe und sucht sich das schwächste Tier, also die leichteste Beute, um das Tier zu jagen und dann zu fressen. Natürlich ist kein Raubtier so blöd, sich in die Mitte einer Herde zu begeben und sich damit selber der Gefahr auszusetzen, eine leichte Beute zu werden. Es wird sich immer am Rand aufhalten und sich von dort aus sein Mahl aussuchen. So ist das auch bei Menschengruppen. Der sicherste Platz ist immer in der Mitte. Dort sind die Chancen, unversehrt zu bleiben, weit größer als am Rand.

Dieses Verhalten ist in der Entwicklungsgeschichte des Menschen bis heute zu beobachten. Paläste und Schlösser wurden mit wenigen Ausnahmen in der Stadtmitte gebaut, um den Adel und die Führung der politischen Einheit zu schützen. Deshalb ist auch heute noch das Wohnen im Zentrum einer Stadt tendenziell teurer als in den Randbezirken. Denn bis heute wirkt der Gedanke nach, dass der Stadtkern ein sicherer Platz ist, und das kostet eben extra.

Die Verteidigungsburgen waren im Gegensatz dazu am Rand eines Territoriums angesiedelt. Sie wurden auch hoch oben auf einem Hügel oder Berg errichtet, um dank eines besseren Weitblicks strategisch im Vorteil zu sein.

Heute finden wir im Inneren der großen Städte eher Finanz- oder politische Zentren. Parlament, Regierungssitz, Finanzbehörden, Börsen oder Gerichte sind in den Stadtzentren angesiedelt. Große internationale Konzerne siedeln sich jedoch eher am Rand der Städte an. Das hat meist den Hintergrund, dass Büroraum dort günstiger ist, oft auch die Verkehrsanbindung besser ist und es mehr Platz für imposante Bürotürme gibt, was in den oft denkmalgeschützten Innenstädten unmöglich ist.

Die große Revolution

Wie haben die Menschen damals wohl ihr Lebensgebiet ausgewählt? Ich nehme an, dass sie an erster Stelle Gebiete gesucht haben, die schon von Natur aus (teilweise) geschützt waren. Was waren die Kriterien? Berge waren wichtig, Wasser war unabdingbar, natürlich auch ein guter Boden zum Sammeln und Jagen. Je größer die Gruppe, mit der man umherzog, desto größer mussten auch die Gebiete sein. Solange die Menschen in kleineren Gruppen lebten und wenig Besitz hatten, war es leicht, weiterzuziehen und sich ein neues und besseres Gebiet zu suchen.

Die wenigen Instrumente, Felle, vielleicht einige Waffen, Schalen und andere nützliche Gegenstände für Nahrung waren schnell eingepackt. Nomaden hatten es jedenfalls leichter, von einem Platz zum anderen zu ziehen. Sie hatten wenig bis gar nichts aufzugeben, den Rest konnten sie gut mitnehmen.

Doch dann findet eine erste große Revolution statt – Landwirtschaft entwickelt sich. Und damit verändert sich auch das Verhalten der Menschen entscheidend. Sie entwickeln sich von umherziehenden Nomaden hin zu sesshaften Gemeinschaften. Plötzlich entdeckt der Mensch, dass er die Nahrung nicht mehr suchen und jagen muss. Er kann sie jetzt selbst produzieren und braucht nicht immer wieder woanders zu suchen. Zum ersten Mal in der Geschichte muss er nicht mehr von einem Platz zum nächsten ziehen, um seine Bedürfnisse zu befriedigen. Er kann selber Bäume, Getreide sowie verschiedene Gemüsesorten pflanzen, Fische angeln und Haustiere züchten, die ihn mit Fleisch, Eiern oder Milchprodukten versorgen. Erstmals muss der Mensch nicht mehr von der Hand in den Mund leben, von den Tieren und Früchten, die er findet. Er kann Nahrung produzieren, »reproduzieren« und damit sesshaft werden. Immer wieder kann er Samen ernten und daraus neue Nutzpflanzen ziehen. Und Bäume tragen immer wieder Früchte. Somit ist fortlaufend Nahrung an ein und demselben Platz vorhanden. Mehr noch, es können mehr Lebensmittel produziert werden als benötigt. Diese Überproduktion führt wiederum zu einer weiteren technischen Entwicklung. Wer sesshaft ist, baut auch feste Häuser und in der Folge Bauten für die Aufbewahrung zu viel produzierter Lebensmittel, zum Beispiel Lagerhallen. Damit können jetzt noch größere Mengen produziert und geerntet werden. Die Nahrungsmittel werden gelagert, und somit ist für die Zukunft vorgesorgt.

Die Entdeckung der wirtschaftlichen Macht

Die Notwendigkeit, sich von Ort zu Ort zu bewegen, um sich ernähren zu können, gibt es also nicht mehr. Sesshaftigkeit, Landwirtschaft, Lagerhaltung und feste Wohnbehausungen erleichtern unseren Vorfahren nun das Leben. Damit entdecken die Menschen bald eine weitere, besondere Macht: Je mehr Nahrung sie haben, umso mehr können sie auch anderen Menschen anbieten. Das stärkt die Gemeinschaft und sichert ihr Macht. Die Menschen müssen sich keine Sorgen mehr um die Zukunft machen. Sie haben nicht nur selbst genug, sondern können auch noch weitere Menschen in ihrem näheren und weiteren Umfeld versorgen. Diejenigen, die über die Produktion bestimmen, entscheiden auch, wen sie in ihre Gemeinschaft aufnehmen und wen nicht, also wen sie mitversorgen wollen.

Am Ende dieser langen Entwicklung haben unsere Urahnen mehr Besitz, mehr Instrumente und Geräte; damit auch mehr Bequemlichkeit, größere und wärmere Häuser. Aber dieser Komfort birgt schon das nächste Problem: Das alles muss natürlich auch beschützt werden. Menschen, die sich in den »reichen« Gebieten ansiedeln, können sich und ihr Hab und Gut natürlich einerseits selbst verteidigen, andererseits erwarten sie aber auch, vom Herrscher, vom »Alphatier«, geschützt zu werden. Wenn sie sich in seinem Gebiet niederlassen, dürfen sie erstens mit Nahrung und zweitens mit Schutz rechnen. Der Herrscher verspricht ihnen das im Regelfall auch.

Wie wir schon erfahren haben, gelangen Eindringlinge logischerweise immer zuerst an den Rand eines Gebiets. Die Menschen, die sich dort angesiedelt haben, sind also die ersten, die eine meist unliebsame Begegnung mit dem Feind haben.

Viele der Siedler können sich selbst verteidigen und kämpfen wie Soldaten. Sind sie aber selbst zu schwach, erwarten sie den Rückhalt des Alphatiers, das ihnen ja auch Schutz versprochen hat. Wie Sie sicherlich gleich gemerkt haben, gibt es hier einen Widerspruch. Wir haben ja vorhin schon festgestellt, dass der Anführer einer Gruppe in deren Mitte sicherer ist und Schutz und Verteidigung von den Randsiedlern der Gruppe erwartet. Andererseits erwarten diese Menschen aber auch, von ihrem Alphatier beschützt zu werden. Eine nicht leicht lösbare Aufgabe. Eine Lösung ist es, soziale Strukturen mit verschiedenen Schichten zu entwickeln, in denen jede eine Aufgabe bekommt. Jene, die arbeiten, jene, die schützen und bewahren sollen, also Soldaten und Kämpfer und so weiter. Jeder bekommt somit je nach Eignung und Kenntnissen seinen Platz und seine Aufgaben in der Gemeinschaft zugeteilt.

Von weit außerhalb des Gebiets kommen Zuzügler. Auch sie wollen die vorhandene Nahrungsquelle nutzen und die Vorteile der Gruppe genießen. Diese Menschen kommen in friedlicher Absicht. Sie sind keine hinterhältigen Eindringlinge. Sie kommen mit offenem Visier, um Nahrung zu erhalten, und bieten im Austausch dafür Felle, Gefäße oder Ähnliches. Es entsteht Handel – wieder etwas Neues in der Geschichte der Menschheit. Manche der Zuzügler wollen gar nicht dauerhaft bleiben. Sie kommen, machen ihr Tauschgeschäft und ziehen weiter. Sie haben nicht die Absicht, einen Platz im Territorium zu besetzen.

Anders die hinterhältigen Eindringlinge, die zur Gefahr werden. Sie sind gekommen, um zu bleiben, weil es in dem Gebiet Nahrung, Platz zum Wohnen und Wertgegenstände gibt. Kurz gesagt: Sie wollen es sich dort bequem machen, wo andere schon etwas aufgebaut haben. Sie vertreiben, töten und wollen das Territorium für sich allein haben. Dieses Bild vom Feind, der von außen eindringt, wird schnell bedrohlich und sogar grausam. Damit wachsen mit der Zeit Angst und Misstrauen gegen jeden, der sich außerhalb des Territoriums, jenseits der Grenze, befindet. Als Folge davon bilden sich allmählich Länder- und später Staatsgrenzen aus.
Die Entwicklung von Gemeinschaften mit verschiedenen sozialen Abstufungen schreitet nun rasant voran.

Nur kurz sei noch erwähnt, dass es Wege braucht, um Produkte von A nach B zu bringen, und dass Kommunikationssysteme aufgebaut werden müssen. Es bedarf der Gesetze, der Spielregeln, wie die Mitglieder einer Gruppe miteinander umgehen sollen. Und plötzlich gehört all das zu einem Territorium. Territorium ist jetzt nicht mehr nur ein Gebiet, in dem wir jagen, sammeln und welches wir daher – oft auch nur temporär – schützen. Ein Territorium ist nun viel komplexer und umfasst mit einem Mal weit mehr, was schützenswert ist. Ein stärkerer Schutz wird erforderlich, Armeen und verschiedene Schutzvorrichtungen entstehen.

Die Merkmale einer Gruppe

Territorium ist also mehr als nur ein Stück Land. Alles, was sich innerhalb des Territoriums befindet, gehört dazu und ist schützenswert. Der Besitz gehört ebenso dazu wie einzelne Menschen und Menschengruppen – alles ist Bestandteil des Territoriums. Schnell wird klar, dass es außer Nahrung und Sicherheit noch weitere Gründe gibt, warum Menschen in einem Territorium bleiben und warum es ihnen innerhalb der territorialen Grenzen besser geht als außerhalb. Da geht es um Spielregeln des Zusammenlebens, um bestimmte Verhaltensweisen, Bräuche und Sitten, um eine gemeinsame Sprache und so weiter – all diese Merkmale lassen sich unter dem Begriff »Kultur« zusammenfassen. Und diese spezifisch ausgebildete Kultur einer Gemeinschaft unterscheidet diese von der Welt außerhalb des Territoriums. Bestimmte Signale ermöglichen es den Mitgliedern einer Gemeinschaft, einer Kultur, die eigene Gruppe zu erkennen: Es ist die Art der Kleidung, es sind Farben, Schmuck und anderes mehr. Diese Erkennungsmerkmale helfen, den Freund vom Feind da draußen zu unterscheiden.

Innerhalb einer großen Gruppe bilden sich nun kleinere Einheiten aus: Familien, Interessengemeinschaften und so weiter. Die große Gruppe setzt sich jetzt aus kleinen Untergruppen zusammen, für die wiederum die gleichen oder zumindest sehr ähnliche Regeln gelten wie für die große Gemeinschaft. Wie schon erwähnt, erkennen die Mitglieder einer Gruppe ihre Zugehörigkeit zu einer Gemeinschaft an Sitten und Gebräuchen, an der Kleidung, an Spielregeln und auch an ihren Werten. Auch immaterielle Werte, etwa Gesetze oder ethische Regeln, sind nun Teil des schützenswerten Territoriums. Wenn man so will, ist das schon geistiges Territorium. Wer dazugehören will, muss all das anerkennen, was wir hier als spezifische Merkmale einer bestimmten Gemeinschaft aufgezählt haben. Das Gefühl der Zugehörigkeit zu einer Gruppe macht stolz und stark. Es geht nicht mehr nur um Nahrung und Schutz im Hier und Jetzt. Es geht mehr und mehr auch um Beständigkeit und um geistige Werte. Die Menschen entwickeln Stolz, sie gehören zu einer Gruppe, mit der sie geistige Werte teilen, und zu einer Gruppe, die sich von den anderen Menschen unterscheidet. Eine neue Empfindung entsteht – die Identifikation mit der Gruppe.

Wir identifizieren uns mit unserer Gruppe. Wir sind Teil von ihr, und sie wird auch ein Teil von uns. Die Identifikation manifestiert sich in Kleidung, sozialen Spielregeln und in Verhaltensweisen. Das Identifizieren mit den Werten und Verhaltensweisen einer Gemeinschaft wirkt bis heute als stärkstes Bindemittel einer Gruppe. Wer sich mit seinem Job oder einem Verein identifiziert, wird bleiben und seine Gruppe nach außen verteidigen.

Wir werden später noch genauer über die Mischung von geistigen und anderen Werten innerhalb eines Territoriums sprechen.

Die Grundform der Identifikation von Menschen mit einer bestimmten Gruppe können wir sehr gut am Beispiel eines Fußballklubs erkennen. Spieler und Fans tragen die gleichen Dressen in den gleichen Klubfarben, haben vielleicht einen Klub-Song sowie einen Klub-Wimpel. Das sind alles Erkennungszeichen, sodass jeder sehen kann: Der oder die gehört zu Bayern München. Die Identifikation mit der Gruppe geht so weit, dass die Anhänger von Erfolg und Misserfolg des Klubs persönlich betroffen sind, auch wenn sie gar nicht selber auf dem Spielfeld agieren, sondern nur Fans sind. Verliert die Mannschaft, sind sie traurig oder gar verzweifelt, weil der Klub in der Rangliste absteigt. Gewinnt der Verein, entwickeln sie Glücksgefühle, als ob sie selbst das Siegestor geschossen hätten.

Wir identifizieren uns im Laufe der Menschheitsgeschichte mehr und mehr auch mit dem Ort, an dem wir geboren wurden, mit unserem Vaterland. Für Nomaden war der Geburtsort gar nicht so wichtig. Sie sind ohnehin ihr ganzes Leben von einem Platz zum anderen gezogen, um Nahrung und Wasser zu finden. Ob sie in Kairo oder Jerusalem geboren wurden, war ihnen egal. Sobald die Menschen aber sesshaft werden, wird der Geburtsort plötzlich sehr prägend. Unsere Herkunft wird mit einem Mal relevant. Wir haben ein Vaterland, zu dem wir gehören und das wir verteidigen wollen. Unser Vaterland ist ein Territorium, das Grenzen hat, das Erkennungsmerkmale hat und uns Sicherheit und Nahrung gibt – es beinhaltet und umfasst alle Werte, die uns ausmachen und mit denen wir uns identifizieren.

Ich, die anderen und das gemeinsame Wir

Die Bindung an eine Gruppe basiert auf der Annahme, dass die Gemeinschaft mir etwas verspricht. Ich bleibe in der Gruppe, weil ich etwas davon habe – Nahrung, Schutz oder Ähnliches. Wir haben das bereits oben gesehen, wo es darum ging, dass Menschen sich in Gebieten ansiedelten, um ausreichend Nahrung und Schutz zu erhalten.

Auf den Punkt gebracht, sind es drei Gründe, die relevant sind: Erstens ist es wichtig, dass es ausreichend Nahrung für alle gibt – heute würden wir noch Arbeit und Lebensqualität ergänzen. Zweitens suchen wir Sicherheit, die uns die Gruppe verspricht. Was uns wichtig ist, ist für uns schützenswert. Neben materiellen Werten umfasst das auch soziale und geistige Werte. Drittens ist für uns die Identifikation mit der Gruppe und jedes Einzelnen in der Gruppe wichtig. Letztendlich ist Identifikation ein seelischer, ein geistiger Prozess. Wir sprechen nicht nur dieselbe Sprache, kleiden uns in der gleichen Weise, sondern wir zeigen als Gruppe nach außen hin auch Symbole. Die Nationalflagge oder die Hymne eines Landes etwa sind solche Symbole.

Die größte Gefahr verbirgt sich oft in der Gruppe selbst. Um mich in eine Gruppe integrieren zu können und um gemeinsame Interessen der Mitglieder nicht zu gefährden, muss ich mein Ich, mein Ego, zugunsten der übergeordneten Gruppe und deren Idee zurückstellen. Damit ich mich dazu überwinden kann, muss die Idee oder das, was mir die Gruppe bietet, größer oder wichtiger sein als das Ich. Das »Wir« als übergeordnetes Wesen vertritt und definiert die gemeinsamen Ziele. Es entscheidet, was die Gruppe bedroht und wie damit umzugehen ist. Das Wir kann durchaus ein Ziel haben, das sich von dem des Einzelnen unterscheidet oder dem Einzelnen gerade nicht in den Kram passt. Wenn es der Gruppe dient, muss das Individuum mitmachen und treu sein, damit das soziale System der Gruppe erhalten werden kann. Natürlich funktioniert das nur, wenn und solange der Einzelne davon überzeugt ist, dass die Gruppe wichtiger ist als das Ich und als das, was sich außerhalb befindet. Alles, was außerhalb dieses Territoriums (also der Gruppe) ist, wird zur Bedrohung für den Einzelnen, wird als weniger wert und daher als negativ empfunden. Das Individuum empfindet sich irgendwann – wenn die Identifikation groß genug ist – als Teil des großen Wir. Damit schrumpft das Ich zugunsten des Wir. Das Wir steht über allem. Ohne dieses Wir kann das Individuum nicht überleben. Mit dieser Überzeugung opfert sich das Ich, um das Wir zu retten.

Niemand, der bei gesundem Menschenverstand ist, wird freiwillig als Soldat in den Tod ziehen. Trotzdem tut er es und opfert sich, um sein Vaterland zu verteidigen oder zu retten. Er fühlt sich sogar als Held. Er stellt die Gruppe über sein Ich, weil sie ihm etwas bietet, das größer und wichtiger ist als seine eigenen Interessen – so absurd das auch klingt, denn ein Soldat verteidigt eher eine anonyme Gruppe, er kennt ja nicht jedes einzelne Mitglied der Gruppe.

Manchmal scheinen wir die Bedrohung von außen geradezu zu brauchen, um zusammenzuwachsen und zusammenzuhalten. Wir halten zusammen, um uns gegen das zu verteidigen, was von außerhalb kommt. Das können einzelne Menschen oder Gruppen sein, die uns bedrohen – ein gemeinsamer Feind verbindet ja bekanntlich –, Naturkatastrophen, Krankheiten oder auch neue Sitten und Ideen. All das bedroht unsere Ordnung und die Harmonie in der Gruppe. Die Harmonie innerhalb der Gruppe ist wichtig und wird teilweise durch die Ordnung, durch das Festhalten an Spielregeln und Werten gesichert, die wir innerhalb der Gruppe pflegen. Ist es lange Zeit über harmonisch und bequem, besteht die Gefahr, dass es langweilig wird. Der Wert des Wir der Gruppe wird dann langsam schwächer, und das Individuelle rückt wieder mehr in den Vordergrund. In dem Moment, in dem das Ego, das Eigene, wichtiger wird als das Wohl der Gruppe, droht die Gruppe auseinanderzubrechen. Daher muss das übergeordnete System (das große Territorium) immer eine Bedrohung von außen anzeigen, um die Gruppe zusammenzuhalten. Das Sichtbarmachen einer (vermeintlichen) Bedrohung kann auch als Druckmittel der politischen Kräfte verwendet werden, um die Gruppe zu manipulieren.

Doch ein Gruppe braucht nicht zwingend eine Bedrohung von außen, um nach einer Phase der Schwäche wieder stark zu werden. Es geht auch angenehmer: Die Gruppe kann sich neue, große Ziele setzen, Ziele, die dem Leben und dem Sinn der Gruppenmitglieder nützen. Neue Projekte können gemeinsam erreicht werden. Damit wächst das Verbindende, das Gemeinsame der Gruppe wieder, und der individuelle, egoistische Trieb wird zurückgedrängt. Die Bedürfnisse der Gruppe als Einheit stehen wieder über den Bedürfnissen des Einzelnen. Die Balance ist wiederhergestellt.

Der Wunsch nach Veränderung kann von mehreren, er kann aber auch von einzelnen Mitgliedern aus dem Inneren der Gruppe kommen. Das passiert dann, wenn es der Gruppe nicht mehr gut geht, etwa wenn sich die wirtschaftliche Lage verschlechtert oder eine Stagnation eintritt , aber auch dann, wenn die Kluft zwischen Ober- und Unterschicht in der Gruppe zu groß wird. Die Gruppe erwartet dann neue Wege und Lösungen – und zwar erwartet sie die Vorgaben in der Regel von oben. Passiert das nicht, wachsen Frustration und Unzufriedenheit.

Erwartung ist ein passiver Zustand, während das Verfolgen von Zielen Aktionen verlangt. Wenn wir darauf warten, dass der Staat uns verteidigt, dass er unsere Bedürfnisse erfüllt, birgt diese Passivität eine Gefahr: Dauert die Phase der Passivität zu lange und werden unsere Erwartungen an den Staat nicht erfüllt, schlägt Passivität ganz schnell in Aktivität um. Und diese Aktivität wirkt dann leider oft nicht in Richtung des erwünschten Ziels, sondern genau in die entgegengesetzte Richtung. Die Aktivität richtet sich gegen das Gemeinschaftskonstrukt an sich – nennen wir es System – und damit gegen die Gruppe und ihre Mitglieder. Um das zu verhindern, muss die Gruppenführung aktiv werden und Lösungen anbieten. Gelingt das nicht, wird sie versuchen, die Aufmerksamkeit der Gruppe auf neue Gefahren von außen zu lenken, um die Gruppe von inneren Problemen abzulenken und den Zusammenhalt wiederherzustellen.

Hass und die Ablehnung anderer Menschen – kurz gesagt Aggressivität gegen alle, die sich außerhalb der Grenzen des Territoriums befinden – dienen oft als willkommene Blitzableiter, um von internen Problemen der

Gruppenführung (im Staat die Regierung) abzulenken. Der gemeinsame Feind verbindet.

Die Menschen bewegen sich auf zwei verschiedenen Schienen: Auf der einen suchen sie Liebe, Harmonie und Zusammenhalt. Auf der anderen entwickeln sie Aggression oder sogar Hass gegen alle Menschen, die außerhalb ihrer Gemeinschaft leben, und wollen sie zerstören. Obwohl diese Verhaltensweisen, die auf Instinkten basieren, konträr zueinanderstehen, bedingt die eine die andere. Dieses Phänomen erklärt auch Verhaltensweisen von Gruppen, die innerhalb einer großen Gruppe kleine Inseln bauen wollen. Politische Parteien und religiöse Gruppen nutzen die Liebe und Treue zu einer Gemeinschaft, der alle angehören, oft für ihre eigenen Zwecke, indem sie die Harmonie durch Angstmache zerstören. Die damit entstehende Orientierungslosigkeit und Furcht in der Gemeinschaft nutzen sie dann als Hebel, um ihre Interessen zu propagieren, die angeblich die Harmonie wiederherstellen.

Das kleine Ganze im großen Ganzen

Eine Gruppe in einer Gruppe bildet ein Subsystem. Sie ist eine Einheit mit eigenen Bedürfnissen und dem Wunsch, sich zu erhalten. Im Rahmen eines großen Territoriums, einer großen sozialen Gruppe, bilden sich, wie bereits erwähnt, immer auch kleinere Subsysteme. Diese funktionieren im Prinzip nach den gleichen Grundgesetzen wie die große Gruppe. Eine große soziale Gruppe, etwa ein Staat, basiert somit auf verschiedenen kleineren Einheiten, die alle zusammen das große System bilden.

Was ist das eigentlich, ein soziales System?

Es beginnt mit dem Ich, dem Individuum, danach kommt das Paar, gefolgt von einer Familie mit Kind(ern), vielleicht auch einer Großfamilie, einer großen Gruppe, einem Stamm und so weiter und so fort ... Jede dieser kleineren Gruppen hat Anspruch auf ihren eigenen territorialen Raum, und jede hat territoriale Bedürfnisse, die vielleicht ähnlich sind wie die einer übergeordneten großen Gruppe – vielleicht aber auch nicht. Nur in einem harmonischen Zusammenspiel zwischen Klein und Groß kann auch die gesamte Gruppe existieren und sich selbst erhalten. Ist die Harmonie gestört, entstehen Konflikte.

Blicken wir einmal dorthin, wo alles begann: Wir wissen, dass in unserem Kosmos nach dem Urknall alles mit einer dichten Brühe begann. Es gab keine Form und keine Gestalt. Es war nichts einzeln gestaltet und schon gar nicht erkennbar. Interessant ist, dass das Alte Testament mit diesem sogenannten Tohuwabohu anfängt und es als eine nicht identifizier- oder spezifizierbare Brühe beschreibt. Ich möchte jetzt hier nicht auf die religiösen Aspekte eingehen, aber ich finde es in dem Zusammenhang sehr interessant, wie das Alte Testament versucht, Ordnung in dieser Brühe zu schaffen. In der Urbrühe haben die Dinge keine eigene Form, keine eigene Gestalt, es gibt kein Individuum. Gott beginnt dann, die große Masse zu trennen und zu definieren: Er unterscheidet Licht von Dunkelheit, Wasser von Land und so weiter. So entstehen nach und nach der Kosmos und die Erde. Gott grenzt das Kleine vom Großen ab und gibt den Dingen Formen und Eigenschaften. Er gestaltet sie individuell, und jetzt werden sie erkennbar. Sie unterscheiden sich voneinander, und die Unterschiede sind für uns klar erkennbar: Ein Apfel ist nach unserem Verständnis ein Apfel und anders geartet als eine Birne oder eine Banane. Von einem Niemandsland, in dem es kein Ich und kein Du gab, landen wir plötzlich in einer Ich-Du-Welt. Die einzelnen Elemente organisieren sich und kreieren neue Gestalten. Zu Beginn gab es den Einzeller, später wird ein Organismus mit vielen Zellen daraus und noch später ein Organismus mit verschiedenen Organen.

Betrachten wir aber erst noch einmal das eigene Ich als Territorium.

Das Ich als Territorium

Unter dem Ich verstehen wir wie selbstverständlich unseren Körper, unsere Seele, unseren Geist. Unser Körper ist also ein System mit Subsystemen – ein kleines Universum und damit ein Territorium. Dieses System hat Bedürfnisse. Diese Bedürfnisse können überwiegend nur von außen gestillt werden: Feste Nahrung, Wasser, Sauerstoff und so weiter – das alles kann der Körper nicht selbst herstellen, er braucht es von außen, um optimal funktionieren zu können. Innerhalb des Systems Körper gibt es, wie erwähnt, Subsysteme. Jedes davon hat eine eigene Funktion, die der Selbsterhaltung dient. Die Systeme, unsere Organe, funktionieren weitgehend autonom – wir haben bewusst kaum einen Einfluss auf sie. Von den einzelnen Körperteilen und Organen erhalten wir Signale. Sie zeigen unsere Bedürfnisse sensorisch an: Wir haben Angst, Hunger, Durst oder spüren Kälte, Hitze und so weiter. Wir empfinden Genuss, wenn wir die Bedürfnisse von außen befriedigen können. Wir fühlen uns zum Beispiel wieder wohl, wenn wir nach empfundenem Hunger und Durst gegessen und getrunken haben. Bei Gefahr reagieren wir mit Kampf oder Flucht – je nach unserer Einschätzung. Die bewusste Wahrnehmung erfolgt über das Großhirn, das auch die Steuerfunktion unseres Organismus innehat. Irgendjemand muss ja das Sagen haben und unsere Körperfunktionen koordinieren und Kommandos in die einzelnen Körperbereiche schicken.

Jeder Raum, der abgegrenzt ist und verteidigt wird, ist in meinen Augen ein Territorium. Verteidigt ihn niemand, bleibt er einfach nur ein Raum, der niemandem gehört, um den niemand kämpft. Unser Körper hat eine Innen- und eine Außenseite, und wir verteidigen unseren gesamten Körper – innen wie außen. Damit wird er zu einem Territorium. Wir schützen unseren Körper vor Krankheiten oder vor anderen Gefahren. Das heißt, wir versuchen, alles, was uns nicht guttut, von uns fernzuhalten. Nehmen wir etwas in den Mund, was uns den Magen verderben kann oder uns einfach nicht schmeckt, spucken wir es wieder aus. Wir drängen es aus unserem Territorium hinaus.

Der Körper wird in unserer Kultur mittlerweile auch gesetzlich als eigenes Territorium anerkannt. Ein Arzt muss unsere Genehmigung einholen, bevor er uns eine Spritze verabreicht. Das Stechen mit der Injektionsnadel ist ein Eingriff in unser Territorium. Bei einer Operation wird die Genehmigung sogar schriftlich verlangt. So einfach lassen wir nicht zu, dass jemand ungefragt in unser Territorium vordringt. Wir verteidigen uns dagegen und haben sogar rechtliche Möglichkeiten, alles, was uns nicht guttut oder was wir nicht wollen, aus unserem Territorium fernzuhalten.

Wir haben oben, als wir uns mit den Sammlern und Jägern beschäftigt haben, davon gesprochen, dass Menschenkinder länger brauchen als Tierbabys, bis sie auf eigenen Beinen stehen können. Schauen wir uns das nun etwas genauer an. Wenn wir Menschen das Licht der Welt erblicken, können wir unsere Bedürfnisse nicht selbst stillen. Als Neugeborenes sind wir am Anfang von der Mutter abhängig. Wir empfinden ihre Pflege als angenehm, ja wir brauchen grundsätzlich die Nähe der Mutter. Wird ein äußerer Einfluss unangenehm, reagieren Menschenbabys sehr klar, sie schreien – etwas anderes können sie ja noch nicht. Sie verteidigen so ihr Territorium.

Ein paar Beispiele: Die Mutter will die Windel wechseln, denkt aber nicht daran, dass ihre Hände zu kalt sind. Sie berührt die Babyhaut, und schon beginnt das Kleine zu schreien. Es empfindet die Kälte als unangenehm und verteidigt mit Brüllen sein Wohlbefinden und damit sein Territorium.

Dann füttert die Mutter das Kind. Sie schiebt Löffel um Löffel Brei in den Mund des Babys. Mit dem Löffel dringt sie in den kleinen Babymund und damit ins innere Territorium des Säuglings vor. Findet sie den richtigen Rhythmus, das heißt, ist das Tempo der Nahrungsaufnahme für das Kind angemessen – die Abfolge von Mund öffnen, Nahrung zermalmen und Schlucken –, dann herrscht Harmonie. Das Baby akzeptiert das Füttern durch die Mutter. Es akzeptiert, dass die Mama mit dem Löffel und dem Brei durch den Mund in den Körper eindringt und so Nahrung zuführt. Ändert die Mutter den Rhythmus – etwa weil sie wenig Zeit hat – und schiebt den Löffel schneller oder mit mehr Nahrung darauf in den Mund des Babys, zerstört sie die Harmonie. Was wird das Kind nun machen? Zuerst einmal wird das Baby den Mund geschlossen halten. Dann wird es vielleicht schreien. Oder es spuckt den zugeführten Brei wieder aus. Es drängt vielleicht auch die Hand der Mutter mit dem Löffel weg, dreht sein Köpfchen beiseite und verteidigt so sein Territorium. Erzwingt die Mutter die Nahrungsaufnahme, wird das Kind immer trotziger und verteidigt sich gegen die ihm angetane »Gewalt«. Dieses Verhalten des Kindes ist extrem wichtig, denn wäre es anders und das Kind ließe mit sich machen, was es eigentlich nicht will, dann würde ihm die Kraft zum Widerstand und zur Verteidigung des eigenen Territoriums fehlen. Das könnte dazu führen, dass so ein Kind noch mehr Schwäche entwickelt und irgendwann alles mit sich machen lässt. Das Kind würde resignieren: »Ich kann mich gegen eine Macht, die auf mich einwirkt, sowieso nicht verteidigen.«

So weit zum Territorium eines Babys und seiner empfindlichen Grenze. Schauen wir uns nun eine weitere, sehr empfindliche, leicht verletzbare territoriale Grenze an, nämlich die eines Erwachsenen beim Akt des Beischlafs.

In der Natur ist die Fortpflanzung eine Notwendigkeit zur Arterhaltung. Der Akt ist an sich einerseits rezeptiv, also empfangend, und andererseits aktiv, nämlich eindringend. Männer sind der aktive Part, sie dringen in das Territorium der Frau ein. Versetzen wir uns nun kurz in die Urzeit zurück: Wie wir es ja auch in der Tierwelt sehen, erfolgen zuerst Annäherungsrituale (Balzgehabe), um die

Akzeptanz für das Eindringen des Mannes in den Körper der Frau herzustellen, um das Terrain sozusagen zu ebnen. Erinnern wir uns: Alles innerhalb eines Territoriums gehört dem Besitzer. Egal, ob das Pflanzen, Gegenstände, Werkzeuge oder Tiere sind, alles gehört dem Besitzer. In der Urzeit und leider auch noch viele Jahrhunderte später war die Frau ebenso ein Teil des Besitzes wie etwa Sklaven. Sie war quasi ihres Rechts auf ihren Körper beraubt, also des Rechts auf ihr eigenes Territorium. Es war ihre Pflicht, dem Mann (manchmal auch mehreren Männern) zur Verfügung zu stehen. Es gab in einer bestimmten Zeit unserer Menschheitsgeschichte offenbar in verschiedenen Kulturen den Brauch des »ius primae noctis«, das Recht der ersten Nacht. Ein Herrscher nahm sich das Recht auf die erste Nacht mit der Braut, wenn ihm Untergebene sich vermählten. Erstmals erwähnt wird dieses Recht im Epos *Gilgamesch*, das heißt im 3. Jahrtausend v. Chr., und in der frühen Neuzeit und Aufklärung taucht es auch in unserer Kultur in der Literatur auf. Ob es tatsächlich existierte, wissen wir nicht sicher.

Rechtshistorisch belegbar – zumindest in unserem Kulturkreis – und durchaus bemerkenswert im negativen Sinne ist die Tatsache, dass Vergewaltigung in der Ehe erst seit etwas mehr als zwanzig Jahren (in Deutschland seit 1997) strafbar ist. Bis dahin war es die eheliche Pflicht der Frau, dem Mann Beischlaf zu gewähren.

In manchen Kulturen ist es leider auch heute noch so, dass die Frau dem Mann zur Verfügung stehen muss. Nicht nur im arabischen Raum erleben wir, dass Frauen durch die Eheschließung ganz einfach und von Gesetzes wegen zum Besitz des Mannes werden.

Männer verwenden bedauerlicherweise auch Tricks, sie verstecken sich hinter einer Fassade, heucheln liebende Leidenschaft und glauben, dass sie damit die Frau »nehmen« können, wann immer sie Lust dazu haben. Frauen empfinden den Flirt vielleicht sogar positiv: »Er begehrt mich, er will mich.« Dahinter steckt aber nicht immer liebende Leidenschaft, sondern viel eher das männliche Bedürfnis, der Frau zu beweisen: »Du gehörst mir; ich markiere dich als mein Eigentum; ich darf in deinen Körper hinein, wann immer ich will; ich allein entscheide darüber.« Das ist eine ganz klare territoriale Markierung.

Gott sei Dank haben wir uns zumindest in unserer Kultur mittlerweile davon verabschiedet. Frauen haben eigene Rechte. Sie haben auch lange dafür gekämpft und müssen teilweise auch heute noch dafür kämpfen. Frauen gehören nicht mehr automatisch zum Territorium des Mannes. Sie sind eigenständig, ihr Körper ist ihr eigenes Territorium, über das sie selbst bestimmen. Die Frau entscheidet, wann sie zulässt, dass jemand in ihren Körper eindringt und wann nicht. In einer guten Partnerschaft funktioniert das in harmonischem Einverständnis der Partner. Vertrauen und ein großes Maß gegenseitigen Verständnisses spielen dabei eine wichtige Rolle.

Gemeinsames oder doch nicht ganz? – Paarkonflikte

Wie wir schon festgestellt haben, existieren innerhalb größerer Gruppen Untergruppen, kleine Territorien in großen Territorien. In der großen Gemeinschaft hat jeder seinen Platz, sein eigenes Territorium, eine Wohnung oder ein Haus, das er verteidigt. Ist die Gemeinschaft ein Staat, so werden wir durch Gesetze unterstützt. Paragrafen sorgen dafür, dass niemand einfach so in meine Wohnung hereinspazieren darf. Sogar die Exekutivorgane – etwa die Polizei – brauchen einen triftigen Grund, zum Beispiel einen richterlichen Beschluss, um eine Wohnung betreten oder gar durchsuchen zu dürfen, wenn der Besitzer ihr das nicht freiwillig erlaubt. Es gibt ein Subsystem im übergeordneten System Staat, das für die Ordnung im Staat und für den Schutz der Individuen sorgt.

Gehen wir nun eine Ebene tiefer, zum privaten Territorium, zu der oben erwähnten Partnerschaft.

In einer Partnerschaft geht es viel um Territorium. Schauen wir uns zwei Varianten an. Variante eins: Die Partner bauen gemeinsam ein Nest. Variante zwei: Ein Partner zieht zum anderen und damit in dessen Territorium. Beide Varianten sind etwas sehr Schönes. Zwei Menschen entscheiden sich, den Lebensweg zusammen zu gehen und ein Territorium miteinander zu teilen. Sehr schnell bemerkt das Paar nach der ersten Euphorie, dass es eine Menge potenzieller Konflikte gibt. Es geht um *mein*, *dein*, *unser*. Es gibt *meine* Sachen, die *des Partners* und *gemeinsame* Sachen. Und das alles existiert in einem einzigen Territorium, in der gemeinsamen Wohnung oder im gemeinsamen Haus. Alles, was vorher nur mir allein gehört hat, ist nun plötzlich Bestandteil des gemeinsamen Territoriums und gehört daher auch dem Partner. Will man Konflikte vermeiden, bedarf es – am besten von Beginn an – der gemeinsamen Vereinbarungen: Was gehört uns beiden, ist also unser gemeinsames Territorium, und was bleibt individuell, ist also mein Territorium? Eigener Besitz spielt eine große Rolle in einem gemeinsamen Leben.

Manchmal zerbrechen Partnerschaften. Was soll dann mit dem Besitz, vor allem mit dem gemeinsamen Besitz, geschehen? Der Besitz muss getrennt werden. Das ist nicht immer einfach, vor allem dann nicht, wenn es keine Vereinbarung zur Gütertrennung oder einen Ehevertrag gibt. Liegt eine solche Vereinbarung hingegen vor, bietet sie beiden Seiten Sicherheit. Jeder weiß nicht nur, was ihm im Falle des Falles zufällt, sondern auch, dass er im Fall einer Trennung abgesichert ist. Im Hintergrund solcher Besitzvereinbarungen stehen oft Themen wie der Familienbesitz oder die Mitgift.

Heutzutage erben und vererben natürlich auch Frauen – sie haben und erlangen eigenen Besitz. Das ist erst in den letzten Jahrzehnten so. Davor war Besitz reine Männersache. Wie wir ja im Abschnitt über die Urzeit gelernt haben, spielt Besitz vor allem für den Mann eine große Rolle, der eine gute Frau haben möchte und eine Familie gründen will, um die Fortpflanzung zu sichern. Je besser sein Gebiet ist – also groß, grün, fruchtbar –, desto größer sind seine Chancen, eine Frau zu beeindrucken und für sich zu gewinnen. So war es damals, und dieses Denken reicht – mehr oder weniger bewusst – bis in unsere Zeit.

Selbst heute wird unter Eheleuten nicht immer offen über Geschäftliches gesprochen. Der Mann gibt seiner Frau oft wenig Informationen über sein Vermögen, seinen Besitz oder seine Firma. Er lässt seine Frau im Ungewissen, wie viel Besitz er hat und was dieser eigentlich wert ist. Damit behält er sein Territorium und die Macht darüber, stützt damit sein Ego und sein Ansehen in der Gesellschaft. Aber insbesondere in den letzten Jahren kehrt sich das um: Immer häufiger hat die Frau Besitz und nicht mehr nur der Mann. Das bringt uns zum oben erwähnten Thema der Gütertrennung zurück. Diese ermöglicht es den Partnern, jederzeit auseinanderzugehen, wenn sie es wollen. Jeder ist für sich abgesichert und nicht vom anderen abhängig. Hat das Paar gemeinsames Vermögen, ist die Trennung schwieriger. Andererseits schafft Gemeinsames mehr Vertrauen zueinander, und Vertrauen und Treue sind sehr wichtig für das Territorium Partnerschaft.

Wir haben also gerade festgestellt, dass auch ein Paar ein eigenes Territorium bildet und Treue dabei eine nicht unwesentliche Rolle spielt. Normalerweise bezieht sich diese Treue auf das physische Gebiet, also auf die Körperlichkeit. Untreue ist für uns, wenn einer der Partner fremdgeht.

Was aber, wenn ein Partner den anderen Partner braucht, dieser aber nie Zeit hat? Er hört nicht zu, er nimmt den anderen nicht ernst. Landläufig empfinden wir das nicht als Untreue. Geht der Gatte lieber zu seinem Stammtisch, statt mit seiner Frau Probleme zu wälzen, gilt das nicht als untreu. Warum ist das so? Ist das nicht auch eine Art von Untreue? Wird da nicht auch ein Territorium verletzt? Ein Grund dafür, dass wir diese Verhaltensweisen im Gegensatz zur körperlichen Untreue nicht als solche sehen, hat meiner Ansicht nach hauptsächlich mit unserem Menschheitserbe zu tun. Was meine ich damit?

Der Mann war früher viel unterwegs – er war auf der Jagd oder später auf längeren Geschäftsreisen. Oft war oder ist er einige Monate oder überhaupt ein ganzes Jahr lang weg. Es geschah und geschieht dann unter Umständen

Folgendes: Er kommt zurück und hat plötzlich Kinder zu Hause, die evident nicht seine sind. Will er seinen Besitz, sein Vermögen, seine Macht, seine Kraft wirklich mit Kindern teilen, die gar nicht seine sind? So ist das Prinzip der physischen Treue entstanden. Die treue Ehefrau und seine Kinder erben, untreue Ehefrauen und uneheliche Kinder erben nichts. Es geht also um die Angst, dass jemand erbt, der dem Mann vielleicht untergeschoben wurde. Doch ich meine, dass die Treue eines Partners mehr ist – dass er da ist, wenn man ihn braucht, man sich auf ihn verlassen kann. Wenn er zwar physisch treu ist, man sich aber nicht auf ihn verlassen kann und er auch sonst nicht für einen da ist, ist das eigentlich auch Untreue.

Über die physische Treue betrachten wir den Partner auch als Besitz. Und wenn er ein Besitz ist, heißt das, dass er ein Teil des Territoriums ist. Und dieses Territorium möchte ich nicht mit jemandem teilen, der außerhalb dieses Territoriums steht. Der andere gilt in dem Moment als Eindringling in mein Territorium. Er raubt etwas, das mir gehört und Teil meines Territoriums ist.

Auch wenn ein Paar gemeinsamen Besitz teilt, gibt es daneben noch kleine Inseln, die jeder für sich sichert: Der Besitz gehört uns beiden, aber das eine oder andere gehört doch noch dem einzelnen Partner. Da gibt es zum Beispiel das Gewohnheitsrecht auf einen Platz, wo immer das Familienoberhaupt, etwa der Opa, sitzt. Sie kennen das sicher auch: Kinder fühlen sich plötzlich stark, wenn sie auf dem Schaukelstuhl des Großvaters sitzen dürfen, nicht nur, weil der Stuhl so schön schaukelt, sondern auch, weil der Platz die Aura von Autorität und Kraft besitzt.

Nehmen Kinder den Platz ein, identifizieren sie sich mit der Autoritätsperson. Dies gibt ihnen das Gefühl: »Jetzt bin ich genauso viel wert, jetzt habe ich die Macht.« Wenn Eltern die Kinder dabei »erwischen« folgt ein: »Schnell, schnell, schnell, weg von dem Sessel, der Opa kommt, das ist Opas Platz.« Sie vertreiben die Kinder aus dem Territorium des Opas.

In vielen heutigen Familien gibt es keine festen Plätze mehr für jedes Familienmitglied. Die Lebensart heutiger Familien hat meist keine feste Ordnung mehr, sondern ist flexibel. Oft kommen nicht alle zur selben Zeit nach Hause und essen auch zu unterschiedlichen Zeiten. Das gemeinsame Familienessen gibt es vielleicht noch am Sonntag. Das moderne Leben und seine Arbeitswelt verlangen Flexibilität, Erreichbarkeit zu jeder Zeit und Mobilität. Das stört oft die Ordnung innerhalb der Familie und damit auch das familiäre Territorium.

Das Territorium der Familie wird auch dann gestört, wenn der Junior sein Mobiltelefon zum gemeinsamen Essen mitbringt, es dann vielleicht auch noch auf den Tisch legt und mit Freunden chattet. Er ist zwar persönlich im Territorium anwesend, aber gleichzeitig in seinem ganz eigenen Handy-Subsystem unterwegs. Das Mobiltelefon bei Tisch ist seine territoriale Markierung.

Schauen wir noch einmal auf andere Territorialkonflikte innerhalb eines Haushalts. Ein klassisches Beispiel ist der Schreibtisch. Egal, ob von Mann oder Frau genutzt, ist er ein Territorium, und niemand darf an das Heiligtum herantreten. Macht jemand sauber und bringt damit die Ordnung durcheinander oder schafft gar seine eigene Ordnung, ist der Nutzer irritiert, fühlt sich gestört und verteidigt sein Territorium: »Rühr meinen Schreibtisch nicht an! Du bringst alles durcheinander!« Ordnung ist übrigens auch eine territoriale Markierung – aber dazu gleich mehr. Das Gegenargument, dass Ordnung gemacht und geputzt werden muss, hat da nur wenig Gewicht.

Nicht viel anders ist das in der Küche. Früher hatte der Mann dort nichts zu suchen, heute ist es oft umgekehrt. Jedenfalls ist die Küche ein eigenes Territorium, das derjenige beherrscht, der entscheidet, was innerhalb der Küche passiert, was gekocht, was gekauft wird und so weiter. »Raus aus meiner Küche!« oder »Hände weg von meinen Töpfen!« sind da oft gehörte Sätze.

Diese kleinen Territorien innerhalb der Familie oder innerhalb eines Haushalts bergen Konflikte. Es ist uns nicht immer bewusst, dass das alles mit territorialem Verhalten zu tun hat. Auch im Kleiderschrank erleben wir Ähnliches, wie Sie gleich sehen werden.

Ordnung als Markierung

Sind die Socken in der Schublade nicht dort, wo wir sie immer hingeben, oder sind die Tassen im Schrank verstellt, irritiert uns das. Wir haben plötzlich grüne statt blaue Socken in der Hand, und statt nach unserer Lieblingstasse greifen wir im Regal nach der Tasse ohne Griff. Ordnung zu halten gilt ebenfalls als territoriale Markierung. In dem Moment, in dem wir eine gewisse Ordnung halten, bemerken wir es, wenn jemand an unseren Sachen war. Ich stelle mit einem Blick fest: »Jemand hat hier eingegriffen, jemand hat meine Ordnung verletzt, etwas wurde bewegt. Jemand ist in mein Territorium eingedrungen.« Das heißt, die Ordnung gibt uns Kontrolle und ein Gefühl von Sicherheit. Je pedantischer eine Person ist, desto mehr strahlt sie aus, jemand zu sein, der alles unter Kontrolle haben will. Hinter diesem Verhalten stecken oft auch Ängste – Ängste vor Unerwartetem, Unvorhersehbarem, nicht Planbarem. Man will alles unter Kontrolle haben, um planen und die Dinge vorhersehen zu können. Passt das für uns, sagen wir: »Alles ist in Ordnung.« Gleichzeitig empfinden wir Menschen, die keine Ordnung halten, als »Vernebler«. Ihre Unordnung ermöglicht es ihnen, sich vor der Realität zu verstecken. Sie entscheiden, wann sie Sachen sehen wollen und wann sie sie lieber »im Nebel« lassen möchten. Unordentliche erkennen oft nicht die Grenzen der anderen an, benutzen hemmungslos Dinge von anderen Menschen und verstehen nicht, dass das für den anderen ein Problem ist. Sätze wie »Das tut man nicht, das kann man nicht machen« sind ihnen fremd. Konventionen oder Regeln halten sie nicht zurück, sie fahren gern auch mal bei Rot über die Kreuzung. Die Art, wie jemand Ordnung hält, spiegelt die Persönlichkeit dahinter wider. Ordnung ist also eine sehr individuelle Markierung eines Territoriums.

Manchmal hat eine ordentliche Mutter zwangsläufig eine unordentliche Tochter oder einen noch unordentlicheren Sohn. Das Ganze geht aber auch umgekehrt – eine unordentliche Mutter mit ordentlicher Tochter ... Ordnung ist, wie wir schon festgestellt haben, die Markierung eines Territoriums. Das heißt, entweder hält das Kind tatsächlich gar keine Ordnung oder es legt eben eine andere Ordnung fest, nämlich seine eigene. Würde die Tochter die gleiche Ordnung wie die Mutter pflegen, würde niemand erkennen, wo die Grenze ihres Territoriums ist, wie ihr Territorium markiert ist. Die Diskussion zwischen Mutter und Tochter spielt sich dann ungefähr so ab: Die Mutter schimpft: »Wie sieht es in deinem Zimmer aus?!« Die Tochter antwortet: »Du hast in meinem Zimmer gar nichts zu suchen!« Das ist schon ein sehr klarer territorialer Hinweis der Tochter. Die Mutter hat im Zimmer der Tochter nichts verloren und soll sich aus dem »Reich« ihres Kindes heraushalten. Anders läuft es, wenn die Tochter ein braves Kind und ordentlich ist. Sie hält Ordnung, aber eben eine andere Ordnung als die Mutter. Sie wird den Tisch anders decken, sie wird die Sachen in einer anderen Reihenfolge in den Schrank geben oder die Blumenarrangements anders gestalten als die Mutter. Damit demonstriert sie, dass sie ihre Aufgaben ordnungsgemäß erledigt, hinterlässt aber ihre individuelle Spur – ihre Markierung.

Diese kleinen Signale, etwas anders zu machen, sind als persönliche Markierung zu verstehen und zielen auf einen territorialen Anspruch.

Konflikte ähnlicher Art kennen wir auch, wenn es um die Kommunikation mit Reinigungspersonal geht. Eine Haushaltshilfe, die ein Haus sauber macht, soll Ordnung halten. Die Hausfrau bittet darum – verzeihen Sie, wenn ich »Hausfrau« sage, es kann natürlich auch ein »Hausmann« oder ein Mitarbeiter an seinem Arbeitsplatz sein –, sie bittet also darum, die Gegenstände nach der Reinigung genau so zu arrangieren, wie sie zuvor standen oder lagen. Das Reinigungspersonal, das sich vielleicht einige Stunden in diesem Haus oder Büro aufhält, um seine Aufgabe zu erledigen, fühlt sich nach einiger Zeit schon ein bisschen »zu Hause«, beginnt, sich dort wohlzufühlen. Und so nimmt es nach eigenem ästhetischen Empfinden Änderungen der ursprünglichen Ordnung vor. Das kann einen Dauerkonflikt zwischen Personal und Arbeitgeber auslösen: »Warum kann die Putztruppe keine Ordnung halten? Warum merkt sie sich nicht, wo was hingehört?« Aus Sicht der Reinigungskraft sieht das so aus: »Wie soll man denn sonst wissen, dass ich hier war und gearbeitet habe?« Sie hat also den unbewussten Drang, ihr »Revier« zu markieren und zu zeigen: »Ich war da!« Wir erinnern uns nun kurz an das Thema Schreibtisch im vorigen Kapitel.

Bleiben wir noch ein wenig am Arbeitsplatz und schauen uns an, welche territorialen Markierungen und Themen wir neben dem Thema Schreibtisch noch finden.

Was ist am Arbeitsplatz wichtig? Geht es darum, dass Aufgaben in der vorgegebenen Zeit oder auf eine bestimmte Art erledigt werden? Jeder Betrieb hat eine gewisse Ordnung und ein System – eine Struktur, die manchmal in einem Organigramm festgehalten ist. Ein Kollege, der eine andere Ordnung hat, gilt dann als Gefahr, weil die Kontrolle über seinen Arbeitsplatz oder das Image, das der Arbeitsplatz hat, plötzlich bedroht sind. Der Kollege mit der anderen Ordnung baut sein eigenes Territorium innerhalb des Unternehmens. Er gefährdet das Gesamtterritorium und die Kontrolle darüber.

Gehen wir jetzt noch einen Schritt weiter und blicken näher auf radikale Gruppen in unserer Gesellschaft. Wir beobachten, dass diese Gruppen, und zwar jeder Art, stets uniformiert sind. Sie müssen nicht unbedingt eine echte Uniform wie beim Militär oder bei der Polizei tragen. Es geht allein darum, mit einer uniformen Kleidung ein Erkennungsmerkmal zu zeigen, die Gruppenzugehörigkeit zu demonstrieren. Das können Tücher, Kopfbedeckungen oder andere Kleidungsstücke oder Accessoires sein. Uniformen schaffen Gleichheit. Das heißt, jemand verzichtet auf seine Individualität, ordnet sich unter, fügt sich in die Ordnung einer bestimmten Gruppe ein. Die Kontrolle darüber, wer zur Gruppe gehört und wer nicht, ist dann sehr einfach: Alle Gruppenmitglieder sehen mehr oder weniger gleich aus, zeigen vielleicht auch ähnliche Verhaltensweisen, zum Beispiel in der Art, wie sie sich bewegen.

Und was geschieht, wenn ein Mitglied sich nicht mehr gruppenkonform verhält?

Es reicht, wenn jemand vielleicht nur ein Tuch in einer anderen Farbe trägt – damit fängt er schon an, anders zu denken als die Gruppe, er tanzt aus der Reihe. Und allein diese Tatsache wird bedrohlich für die Gruppe. Anders zu denken bringt eine Veränderung mit sich, und damit wird das Anderssein zur Gefahr.

Die Uniformierung der deutschen Nationalsozialisten in den Dreißiger- und Vierzigerjahren, die Uniformen der chinesischen Volksbefreiungsarmee oder auch die uniforme Kleiderordnung religiöser Gruppen überall auf der Welt erzeugen eine Ordnung, die leicht von außen erkennbar ist und die damit auch leicht zu kontrollieren ist.

Die Identifikation mit einer Gruppe bringt den Wunsch mit sich, gleich zu sein, sich gegenseitig zu kopieren. Man zeigt: »Schaut, ich bin wie ihr und gehöre zu euch.« Dieser Wunsch birgt die Gefahr, auf die eigene Persönlichkeit zu verzichten. Wir erkennen Personen, die zu einer gewissen Gruppe oder Religionsgemeinschaft gehören, anhand der äußeren Erscheinung, anhand der Kleidung. Sie leben ganz normal und unauffällig unter uns, bilden aber trotzdem ein in sich geschlossenes Territorium. Welchen Einfluss hat das auf die bestehende übergeordnete Gruppe? Gelten die Andersartigkeit, die andere Grundeinstellung, die anderen Sitten und Werte als Gefahr? Mit dieser Frage sind wir unter anderem heute im Zuge der Diskussion über das Kopftuch muslimischer Frauen konfrontiert. Der Grund dafür, dass wir das Anders-Sein als Gefahr empfinden, ist die Angst vor dem Fremden. Und damit die Angst, dass unser Territorium in irgendeiner Weise beeinträchtigt werden könnte. Darauf werden wir später noch zurückkommen.

In vielen Bereichen unseres Lebens sind Uniformen allerdings notwendig, um rasch und auf einen Blick zu erkennen, wer zur Polizei, wer zu den Rettungskräften gehört, wer Arzt ist – oder auch nur, wer zum Hotelpersonal gehört. Manche Firmen verlangen von ihren Mitarbeitern, eine Firmenuniform zu tragen, wie eine Art von Visitenkarte oder Logo. Auch Jugendbewegungen oder manche Institutionen im Bereich Bildung und Erziehung verlangen von ihren Mitgliedern oder Auszubildenden, Uniformen zu tragen. Damit wird versucht, soziale Gerechtigkeit zu schaffen. Die Kinder oder Jugendlichen sollen gleichgestellt werden. Jene, die aus besseren sozialen Verhältnissen kommen, sollen sich nicht durch teure Kleidung und Markenware von anderen abheben, die sich das nicht leisten können. Solche Kleidungsvorschriften sichern nach außen hin zwar Gleichheit, doch die Menschen werden damit nicht wirklich gleich. Sie sollen zwar die gleichen Rechte haben, aber die sozialen Unterschiede können damit nicht verwischt werden. Eine Uniformierung kann keine soziale Gleichheit herstellen, sie verzerrt nur die Realität. Dass mit einer einheitlichen Kleiderordnung eine Harmonie in der Gruppe geschaffen werde, ist Schwindel. Eine Uniformierung geht immer zulasten der Individualität und Kreativität. Ich halte sie nicht für den besten Weg, es gibt sicher bessere Möglichkeiten, die Harmonie einer Gruppe zu fördern.

Andersartigkeit und Ausgefallenheit können einem Unternehmen Nutzen bringen und lassen junge Menschen unter Umständen kreativ werden: Als meine Jungs zur Schule gingen, kamen gerade die Hüfthosen in Mode. Die Hose wurde so tief heruntergezogen, bis der Rand der Unterhose zu sehen war. Am Bündchen war dann der Designername zu lesen. Ein Modetrend, aber auch irgendwie eine territoriale Markierung, ein Signal der Zugehörigkeit zu einer Gruppe. Indirekt ist das auch eine Uniformierung.

Jede Art von Uniformierung ist meiner Ansicht nach der Tod des individuellen freien Denkens. Entwicklung heißt, anders zu denken, andere Optionen zu haben, andere Möglichkeiten zu entdecken. Uniformierung blockiert oft unmerklich das freie Denken. Uniformierung erzwingt einen Gleichklang.

Ich erinnere mich an einen Besuch in Deutschland Ende der Sechzigerjahre. Es gab eine große Demonstration in Berlin. Junge Menschen marschierten auf der Straße. Ein Journalist fragte mich, ob mich diese Situation als Israeli nicht an die marschierende Menge im Nationalsozialismus erinnere. Aber nein, das tat sie nicht, das war damals etwas ganz anderes. Das waren Militärparaden mit uniformierten Soldaten, so wie wir es von diktatorischen Regimen kennen. Diese damals ganz offenkundig manipulierten Männer liefen im Gleichschritt, begleitet von Trommeln und Parolen, die rhythmisch gerufen wurden.

Bei der Demo in Berlin haben viele Menschen teilgenommen. Aber jeder hatte seinen eigenen Gang, manche Demonstranten waren mit Kindern an der Hand oder auf den Schultern gekommen, wieder andere haben sogar getanzt. Es gab Transparente und Schilder, die den Zweck des Protests dargelegt haben. Ja, es wurden auch immer wieder Parolen gerufen, um die Einheit der Menschenmenge zu demonstrieren. Auf einem Sammelplatz gab es eine finale Kundgebung mit Rednern. Es war eine ruhige und trotzdem beeindruckende Demonstration.

Harmonie einer Gruppe bedarf eines Gleichklangs. Gleichzeitig muss jedem Einzelnen sein eigener Rhythmus zugestanden werden.

Mein Haus, meine Familie – »mein« ist nicht immer zwingend meins

Ein Haus ist für uns ein Ort voller Liebe, Wärme, Vertrauen, Sicherheit, Freundschaft, Zugehörigkeit und Wohlgefühl – alles überaus positive Werte. All diese Werte finden sich innerhalb der vier Wände, die wir Heim nennen. Das Zuhause ist zweifelsfrei ein Territorium. Es gehört einer Person, einem Paar, das es als gemeinsames Nest baut, oder einer Familie mit Kindern.

Zieht eine Person in das Heim einer anderen ein, entsteht, wie wir schon angemerkt haben, zuerst einmal eine nicht definierte Situation. Da sind Gegenstände, die dem einen gehören und schon da waren, und es gibt jene, die dem Zugezogenen gehören und neu hinzugekommen sind. Im Laufe der Zeit teilen die Bewohner des gemeinsamen Heims mehr und mehr miteinander. Was einmal einem allein gehörte, gehört ihm jetzt nicht mehr nur allein. Es ist also nicht mehr alles »meins«. Und da meldet sich auch gleich der Urinstinkt: »Hallo, das ist aber doch meins« – und schon befinden wir uns im Verteidigungsmodus. Ein Paar, das zusammenzieht, lernt schnell, Dinge miteinander zu teilen. Schließlich will man ja nicht schon am Anfang Streit provozieren.

Menschen sind unterschiedlich, Menschen haben ihre eigenen Bedürfnisse, und jeder innerhalb der Familie hat auch das ursprüngliche Bedürfnis, ein eigenes Territorium zu besitzen. Das Erste, was jeder braucht, ist etwas, das ihm *allein* gehört, worüber er bestimmen kann und was seine Markierung erkennbar behält. Typisches Beispiel ist hier der schon erwähnte Schreibtisch. Sie erinnern sich an die territoriale Verteidigung gegen die »Putzattacke«.

Apropos Putzen. Territoriale Konflikte gibt es nicht nur bei der Verteidigung von Dingen, die beim Putzen verändert werden, sondern auch umgekehrt, wenn der gereinigte Gegenstand wiederum verändert wird: Es war und ist der Stolz jeder Hausfrau – natürlich gilt das genauso für den Hausmann – und auch eine Art von Visitenkarte, wenn das Haus sauber und gepflegt ist und von jedem Besucher bewundert wird. Wenn aber dann der Mann nach Hause kommt, seinen Mantel lässig über einen Stuhl wirft, den Hut auf einen anderen und die Schuhe irgendwo dazwischen von den Füßen fallen lässt? Wir können uns gut vorstellen, wie das dann weitergeht: »Kannst du deinen Mantel nicht aufhängen? Warum liegt der Hut auf dem Stuhl?«

Er: »Warum? Willst du hier sitzen?«

Sie »Nein, das will ich nicht.«

Er: »Warum stört es dich dann? Ich bin immerhin hier zu Hause.«

Ja, es stört die Frau, denn wenn jemand zu Besuch kommt und Mantel sowie Hut des Hausherrn auf verschiedenen Stühlen und seine Schuhe irgendwo auf dem Boden verstreut sieht, heißt das, dass die Signale von Ordnung und Korrektheit der guten Hausfrau von den Signalen ihres nachlässigen Mannes überdeckt werden. Er stört ihr Territorium.

In einer Wohnung oder in einem Haus entstehen mit der Zeit kleine territoriale Inseln. Räume erhalten einen Zweck und Inhalt: In dem einen schlafen wir, im anderen essen wir, und dann gibt es noch einen gemeinsamen »Aufenthalts«-Raum, der uns allen gehört, in dem auch Gäste empfangen werden. Um das Leben jetzt noch einen Schritt komplizierter zu machen, wählen die Bewohner dann auch persönliche Lieblingsecken aus, wo sie sich gerne aufhalten und die sie in bestimmter Weise markieren. Das kann der Platz auf der Couch oder der Schaukelstuhl sein. Die häufige Nutzung des Platzes vermittelt uns das Gefühl, einen Anspruch auf unseren Lieblingsplatz oder auf Gegenstände zu haben, die von den Mitbewohnern weniger genutzt werden. Unsere Gewohnheiten spiegeln natürlich unser Ich wider. Das Ich spiegelt sich in unserer Umgebung, also darin, wie wir diese gestalten. Es ist eine Wechselbeziehung. Wir identifizieren uns mit unserer Umgebung und sie sich mit uns.

Gehen wir noch einmal zurück zur Familie. Im Regelfall gründet ein Paar im Laufe der Zeit eine Familie. Es kommen ein oder mehrere Kinder dazu. Die Frage ist jetzt natürlich: Bekommen die Kinder sofort ihr eigenes Territorium? Oder sind sie am Anfang im Territorium der Eltern, weil es bequem ist? Schlafen sie zum Beispiel im elterlichen Schlafzimmer? Babys haben ja alle paar Stunden Hunger und müssen gefüttert werden. Entweder bekommen sie die Brust oder das Fläschchen. Nachts schreien sie, weil sie schlecht geträumt haben oder in einer nassen Windel liegen oder sich sonst irgendwie unwohl fühlen. Die Eltern müssen sie beruhigen. Anstatt jedes Mal ins Kinderzimmer zu rennen, ist es bequemer, wenn das Baby im Schlafzimmer gleich neben dem Bett der Eltern schläft. Das Kind gewöhnt sich daran. Gewohnheit weckt aber einen Anspruch, und so lernt das Baby früh: »Aha, das ist auch mein Territorium, es ist auch mein Raum.« Noch stärker wird das Gefühl, wenn das Baby ins elterliche Bett mitgenommen wird. Somit ist schon mal klar: »Das ist jetzt auch mein Bett.« Hat das Kind das Territorium der Eltern erst mal für sich erobert, lässt es sich schwer wieder vertreiben. Irgendwann kommt der Moment, in dem Mama und Papa auch wieder allein sein wollen. Das wird dann schwierig. Je größer und älter das Kind ist, umso eher fühlt es sich durch eine Vertreibung aus »seinem« Territorium verletzt. Selbstverständlich geben ihm die Eltern nun ein eigenes Territorium, ein eigenes Zimmer. Oft ist das Kind aber schon so an das elterliche Schlafzimmer gewöhnt, dass diese Übergangsphase für alle Beteiligten schwer wird. Nicht immer lässt sich einschätzen, wie das Kind die neue Ordnung, das eigene Kinderzimmer, annimmt. Das eine Kind freut sich, dass es endlich eigene vier Wände hat, in denen es ungestört sein kann mit seinem Spielzeug, mit seinem eigenen Bett, mit selbst ausgewählten Farben an den Wänden und so weiter. Dieses Kind baut schnell sein eigenes Territorium im Rahmen des großen Territoriums der Familie.

Ein anderes Kind kann denselben Akt negativ empfinden und denkt: »Man schmeißt mich raus«, oder: »Man vertreibt mich aus meinem Territorium, das so bequem und so angenehm war.«

Anders verhält es sich, wenn das Kind von Anfang an sein eigenes Zimmer hat und nur von Zeit zu Zeit ins Bett der Eltern kommen darf. Dann ist der Besuch im elterlichen Schlafzimmer ein Privileg. Das Kind schätzt diese Zeit, in der es in das Bett der Eltern, also in ihr Territorium, darf, viel mehr, weil es etwas Besonderes ist.

Wie Sie das mit ihren Kindern handhaben, bleibt selbstverständlich Ihnen überlassen. Die Sache ist nicht immer einfach zu entscheiden, und in Wahrheit ist es eher die Arbeit eines Psychologen, hier bei Entscheidungen oder Lösungen zu helfen. Das ist nicht mein Fachgebiet. Ich kann nur von meiner eigenen Erfahrung erzählen, wie wir das mit unseren vier Jungs gemacht haben: Meine Kinder waren von Beginn an im Nebenzimmer – erst eins, dann zwei, dann drei und zuletzt alle vier. Klar war das nicht bequem. Wir mussten immer aufstehen und nach nebenan gehen. Damit haben wir ihnen das Gefühl gegeben: »Wir sind da, wir sind immer für dich/für euch da.« Sie hatten aber ihr eigenes Bett und ihr Zimmer – ihr eigenes Territorium. Sie haben es sehr geschätzt, wenn sie von Zeit zu Zeit in unser Bett kommen und kuscheln oder herumtollen durften. Haben sie uns gebraucht, weil sie krank waren oder ich Monster für sie vertreiben musste, sind wir selbstverständlich zu ihnen hinübergegangen.

Wie wir schon festgestellt haben, gibt es innerhalb des Familienterritoriums auch Bereiche, die von allen Mitgliedern genutzt werden. Wir essen zum Beispiel zusammen in der Essecke oder im Esszimmer, oder wir relaxen gemeinsam im Wohnzimmer bei einem guten Film. Das sind gemeinschaftliche Räume, in denen wir uns alle aufhalten. Persönliche Dinge finden wir dort eher weniger: Wir plaudern dort, wir essen, wir spielen und so weiter. Diese Bereiche teilen wir von Zeit zu Zeit mit anderen Menschen, die von außen kommen – Besuchern. Wir lassen die Gäste ins Wohnzimmer oder ins Esszimmer, aber nicht in die höchstpersönlichen Territorien wie das Schlafzimmer. Für Erwachsene sind diese Spielregeln meist klar, und sie halten sich dran. Kinder kennen solche Grenzen noch nicht, genauso wie sie noch kein Zeitgefühl haben. Sie lernen erst langsam solche Grenzen im sozialen Miteinander kennen. Ihnen werden von den Eltern territoriale Grenzen gesetzt, die sie respektieren müssen; jemand anderes verteidigt diese Grenzen. Zuerst einmal versucht das Kind natürlich zu expandieren. Es probiert aus, wie weit es »reisen« darf. Es erobert mit seinem Spielzeug das Wohnzimmer, seine Sachen liegen überall herum und decken damit Signale der Eltern zu. Wenn die Eltern es bemerken – beispielsweise abends, wenn sie zu Hause sind, sammeln sie zuerst alle Signale (Markierungen) der Kinder wieder ein und schieben sie in eine Ecke oder ins Kinderzimmer zurück. Sie äußern damit sehr deutlich: »Ab jetzt ist das Zimmer wieder unseres.« Für eine begrenzte Zeit sind Eltern bereit, ihr Territorium mit den Kindern zu teilen, und spielen zum Beispiel mit ihnen, aber eben nur für eine bestimmte Zeit. Wenn Gäste kommen, dann heißt es: »Bitte aufräumen!«

Die lieben Nachbarn

Verlassen wir jetzt einmal das Territorium Wohnung oder Haus und wenden uns der Welt vor der Haustüre zu. Wir kennen die Situation, dass der Nachbar im Treppenhaus oder zwischen den verschiedenen Wohnungen in den gemeinsamen Bereichen der Hausbewohner Bilder aufhängt oder Pflanzen aufstellt. Er markiert damit den grundsätzlich öffentlichen Raum so, als ob es sein Raum wäre. Abgesehen davon, dass herumstehende Blumentöpfe oft ein feuerpolizeiliches Thema sind, begrüßen manche Mitbewohner Topfpflanzen als Schmuck und loben die schöne Initiative. Andere finden das weniger toll und schimpfen: »Er hat nicht gefragt, er braucht doch meine Erlaubnis, es ist nicht nur sein Raum; das Treppenhaus und der Gang zwischen den Wohnungen gehört doch uns allen.«

Was wir hier verstehen müssen, ist, dass es nicht darum geht, ob uns die Bilder gefallen oder nicht oder ob wir einen grünen Daumen haben, sondern dass wir es hier mit territorialem Verhalten zu tun haben. Haben wir das erkannt, können wir auch gleich anders damit umgehen und sagen vielleicht: »Warum soll ich nicht auch eine Wand mit meinen Sachen markieren?« Damit gibt es dann nicht nur eine, sondern mehrere territoriale Markierungen im Haus. Wir nutzen den allgemeinen Raum gemeinsam und tragen alle mit unserer individuellen Gestaltung dazu bei, ihn zu schmücken.

Ein weiteres Beispiel: In einer Wohnhausanlage führt ein Geh- oder Fahrweg zu ein paar Häusern hin. Dieser Weg gehört der Gemeinschaft, also allen hier wohnenden Nachbarn. Geht es aber darum, den Weg sauber zu halten oder von Schnee zu befreien, ist es plötzlich nicht mehr der Weg von allen. Jeder schiebt die Aufgabe dem anderen zu, keiner fühlt sich zuständig. Eine einfache Lösung für dieses Problem ist, eine Reinigungsfirma zu beauftragen. Dieser Streit ist also noch leicht abzuwenden. Stellt aber ein Nachbar irgendetwas auf den Weg, beispielsweise ein Fahrrad, einen Roller oder Ähnliches, dann ist das wieder ein Grund für einen Streit: »Warum steht das da? Das ist typisch für den ...« Auch wenn wir nicht unmittelbar über das Hindernis stolpern, stört es uns, weil es eine territoriale Markierung darstellt. Warum markiert der Nachbar mit seinen Sachen den Weg, der ja nicht nur ihm gehört?

Diskussionen und Streitereien dieser Art kennen wir auch aus dem Kleingartenverein. Äste hängen über den Zaun oder Sträucher wuchern wie wild hinüber in den benachbarten Garten. Gesetzlich ist die Lage klar. Es gilt das Überhangrecht – alles, was über den Zaun hängt, darf man ernten oder abschneiden. So weit, so klar, trotzdem nervt es, wenn Nachbarn nicht selbst darauf achten, denn wir haben Arbeit mit dem Schneiden der Äste.

Wir müssen verstehen, dass der Reiz in der territorialen Markierung besteht und nicht unbedingt das Wachstum des Baums daran schuld ist. Haben wir das erst einmal verstanden, werden wir die Situation anders betrachten und mit dem Nachbarn klären können.

Ein ähnliches Streitthema gibt es, wenn ein Nachbar uns Licht wegnimmt. Was ist, wenn seine Bäume immer größer werden und die Strahlen der Sonne verdecken? Meine Blumen, meine Pflanzen und auch ich bekommen dann nicht genug Licht. Wir begreifen das als Angriff auf unser Recht nach Licht, wenn unser Nachbar den Baum einfach in den Himmel wachsen lässt. Auf den ersten Blick klingt das absurd und lächerlich. Im Prinzip stehen die Bäume ja auf dem Grund und Boden des Nachbarn und gehen uns nichts an, aber sie verdecken die Sonnenstrahlen, die ja eigentlich allen gehören und derzeit uns vorenthalten werden. Damit ist das ein Angriff auf unser Territorium.

Wir sehen, dass in vielen Alltagssituationen Konflikte lauern, die im Grunde territorialen Ursprungs sind. Sie betreffen das Empfinden unserer territorialen Ansprüche. Wenn uns das bewusst ist, verstehen wir solche konfliktreichen Situationen besser und können souveräner damit umgehen und Lösungen finden.

Am Arbeitsplatz

Auch am Arbeitsplatz werden wir immer wieder in territoriale Themen involviert. Da sind zunächst einmal die Arbeitsräume: Wem gehören sie? Der Firma? Dem Boss? Dem Mitarbeiter? Wie teilen die Arbeitenden diese Räume auf?

In der Wiener Innenstadt gab es eine Bankfiliale, die von einem bekannten Architekten teils neu geplant, teils restauriert wurde. Der Architekt hatte ganz konkrete Vorstellungen, wie die Tische, wie die Empfangsräume aussehen sollten und wo und wie jeder Mitarbeiter dort zu sitzen hätte. Er war so stolz auf seine architektonische Linie und Ästhetik, dass er keinesfalls eine Störung dieser Linie zulassen wollte. Den Mitarbeitern wurde daher verboten, persönliche Gegenstände auf dem Schreibtisch zu platzieren, Pflanzen aufzustellen oder Bilder hinzustellen oder aufzuhängen. Das empfand der Architekt als Angriff auf sein kreatives Design.

Doch wie sieht der Alltag in einer solchen Bank aus? Die Angestellten sitzen an ihren Tischen und arbeiten die meiste Zeit des Tages dort. Natürlich wollen sie sich dabei wohlfühlen. Und jetzt wird es schwierig: Wem gehört der Tisch? Dem Architekten, der schon längst wieder weg ist, aber seine Signale in Form des Designs und seiner Nutzungsvorgaben hinterlassen hat? Oder gehört der Schreibtisch dem Angestellten, der dort tagein, tagaus arbeitet? Kurzum: Das Verbot blieb nicht lange bestehen. Der Urinstinkt der dort arbeitenden Menschen nach einem eigenem Territorium war stärker. Die Angestellten wollten sich wohlfühlen und ihren Arbeitsplatz individuell gestalten. Zuerst kam eine kleine Pflanze mit an den Arbeitsplatz, dann ein Bild der Familie, und zuletzt folgte die individuelle Ordnung diverser Gegenstände. All das sind Markierungen: Mein Tisch sieht anders aus als der des Kollegen. Und daher fühle ich mich hier wohl, weil das mein Territorium ist – es gibt mir Wärme, Sicherheit und Vertrautheit.

Natürlich irritiert es uns, wenn wir »unseren« Platz nicht entsprechend markieren dürfen. Dürfen wir das tatsächlich nicht? Oder haben wir gar keinen festen Arbeitsplatz, keinen Schreibtisch, den wir allein nutzen? Dann finden wir andere Möglichkeiten, unser Territorium abzustecken. Immer mehr Unternehmen bieten heutzutage flexibles Arbeiten an. Wir sind im Homeoffice oder arbeiten an allen möglichen Orten, auch unterwegs in der Bahn oder im Flugzeug. Unser berufliches Territorium beschränkt sich dann auf einen Laptop, ein Tablet und/oder das Mobiltelefon. Wir markieren diese Arbeitsmittel mit einem individuellen Bildschirmschoner oder Desktop-Hintergrund oder mit einem Aufkleber an der Rückseite des Geräts, einer eigenen Schutzhülle und so weiter. Damit signalisieren wir klar: »Mein Bereich! Pfoten weg!« Diese Geräte sind inzwischen übrigens auch zum geistigen Territorium geworden. Wie oft hören wir den Satz »Ohne mein technisches Hirn bin ich verloren«.

Bleiben wir noch ein wenig am Arbeitsplatz und schauen wir uns einen weiteren möglichen territorialen Konflikt an: Häufig teilen wir unser Büro mit Kollegen, und oft stehen aus Platzmangel die Tische eng beisammen oder stehen sich sogar Tischkante an Tischkante direkt gegenüber. Sofern wir nicht ohnehin Trennwände haben, schützen wir uns durch den Computerbildschirm, der akkurat zwischen uns und einem Kollegen in der Mitte aufgestellt wird – wie eine kleine Mauer. Grundsätzlich haben wir nichts gegen den Kollegen, und trotzdem schützen wir unseren Platz. Das ist nicht böse gemeint, wir wollen lediglich unser Arbeitsterritorium für uns geschützt halten. Wir haben die Möglichkeit, über den Bildschirmrand oder an der Seite vorbeizuschauen und so bei Bedarf einen direkten Sichtkontakt mit dem Kollegen herzustellen – so wie wir mit einem Nachbarn über den Zaun sprechen. Wenn wir den Schirm also für einen Moment zur Seite rücken, bleibt unser Territorium trotzdem geschützt. Dennoch kann dieses Verhalten der Abgrenzung zu Konflikten führen.

Ein solcher Konflikt kann noch größer werden, wenn wir uns einen Schreibtisch mit einem Kollegen teilen. Häufig haben Teilzeitmitarbeiter nicht jeder für sich einen Tisch, sondern sie benutzen ein und denselben Schreibtisch. Der eine Kollege arbeitet am Vormittag, der andere am Nachmittag. Will jetzt einer der beiden den Platz als sein Territorium markieren, wird es schwierig. Ich denke, dass hier nur ein Gespräch zwischen beiden Kollegen über die Art der Markierung, die sie gemeinsam vereinbaren können, helfen kann. Belassen sie bestimmte Dinge immer auf dem Schreibtisch? Oder räumt jeder seine persönlichen Sachen weg und macht dem Kollegen Platz? Wie auch immer, es ist jedenfalls nicht einfach, sich ein Territorium zu teilen.

Wie schaut es mit der Unternehmenshierarchie aus? Können wir diese auch an Markierungen erkennen? Ich meine, das können wir eindeutig. Befinden wir uns in der Lobby, in einem Büro oder in einem gemeinschaftlich genutzten Raum, werden wir – sofern es sich nicht um eine sehr reiche, sehr große Firma handelt – dort zum Beispiel pflegeleichte Pflanzen, Poster oder günstige Drucke an der Wand finden. Je höher wir in der Hierarchie gehen, etwa ins Büro des Bereichsleiters, werden wir Pflanzen finden, die mehr Pflege brauchen und schöner aussehen. Auch die Bilder sind hier eventuell Originale, oder wir finden bessere, teurere Drucke an den Wänden. Vielleicht gibt es hier auch einen Blumenstrauß, der jeden Tag frisches Wasser bekommt und ausgetauscht wird, wenn er welk ist. Auch die Größe des Raums zeigt den Status in der Hierarchie an: Das »große Tier« braucht immer mehr Platz und hat daher das größere, geräumigere Büro – natürlich für sich allein –, die »kleinen Tiere« müssen sich klein machen und sich mit engeren Büros zufriedengeben, teilweise sitzen sie auch mit mehreren Kollegen in einem einzigen Raum.

Die Art der Markierung sagt sehr viel über den Menschen aus. Was will er uns eigentlich zeigen? Ist sein Schreibtisch modern oder eher traditionell? In letzterem Fall sagt das auch etwas über seine Weltanschauung aus. Natürlich nur, wenn er sich den Tisch selber ausgesucht hat. Oft sind Büromöbel ja vorgegeben. Dann greifen wir zu anderen Markierungen, die unsere Persönlichkeit unterstreichen. Welche Bilder hängen wir an die Wand? Klassische? Moderne? Wollen wir mit ihnen Offenheit für moderne, fortschrittliche Gedanken und Ideen demonstrieren? Oder eher ein konservatives Denken und Tradition ausdrücken?

Große Konzerne, die etwas auf sich halten und sich modern und zukunftsorientiert geben – besonders solche im Bereich Social Media –, setzen heute mehr und mehr auf sogenannte Open Space Offices. Hier haben die Mitarbeiter keine eigenen Arbeitsplätze, sondern verschiedene Möglichkeiten, wo und wie sie arbeiten können. Müssen sie konzentriert arbeiten, gibt es Ruhebereiche, brauchen sie kreativen Input, gehen sie in die eigens dafür geschaffenen Areale, damit sie unter Pflanzen, an der Kaffeebar oder beim Tischfußball den Kopf frei bekommen oder mit Kollegen brainstormen können. Die jeweils besondere Ausstattung markiert die verschiedenen Bereiche. Die Markierungen zeigen den Mitarbeitern, in welchem Territorium sie sich gerade befinden. Sie wandern im Laufe eines Arbeitstages also durch unterschiedliche Unternehmensterritorien und werden auch ihr Verhalten entsprechend anpassen, je nach den aktuellen Bedürfnissen.

Aller Anfang ist schwer – ein neuer Mitarbeiter

Kommt ein neuer Mitarbeiter ins Team, freuen sich die Kollegen in der Regel natürlich über die Verstärkung. Erst einmal muss der Neue aber sein Territorium erobern beziehungsweise abstecken. So mussten es auch einst die Kollegen machen, die schon länger da sind. Am ersten Arbeitstag geht es einem neuen Mitarbeiter oft wie einem Eindringling, der sich vorsichtig in ein neues Gebiet wagt. Ist sein Arbeitsplatz, also sein Territorium, schon eingerichtet? Ist er also auf den ersten Blick willkommen?

Die Kollegen betrachten ihn mit Neugier. Sie fragen sich auch, ob er ihr Territorium bedrohen wird. Sollte man ihn mit Vorsicht behandeln oder sich gleich verbrüdern? Wie wird er sich hierarchisch einordnen? Welchen Raum bekommt er? Bekommt er ein eigenes Zimmer? Oder ist er einer von uns im Großraumbüro? Spannende

Fragen in den ersten Tagen und Wochen, die beide Seiten sich stellen. Der Neue hat selbstverständlich die gleichen Rechte wie alle anderen. Andernfalls kommen über kurz oder lang Neid und Missgunst auf. Es ist vielleicht etwas unbequem, wenn ein neuer Kollege kommt, man muss sich erst an ihn gewöhnen, ihn akzeptieren, und auch das gesamte Teamgefüge sortiert sich jetzt neu. Jeder, der neu hinzukommt, nimmt sich einen Teil des vorhandenen Territoriums, vielleicht beansprucht er sogar einen Teil der Aufgaben anderer Mitarbeiter. Andererseits unterstützt er die Kollegen und hilft ihnen, die Arbeit zu erledigen.

Der neue Mitarbeiter braucht ein bisschen Zeit, um sich einzufügen, und muss sehr viel Respekt vor dem Territorium der anderen zeigen. Das gestaltet sich ein bisschen wie ein Drahtseilakt. Je mehr Respekt er vor dem Territorium der anderen zeigt, desto weniger fühlen sich die Kollegen bedroht. Durch höfliche Fragen wie »Darf ich das?«, »Wie mache ich das?« oder »Kann man das anders machen?« fühlen sich die anderen weniger bedroht. Der Neue poltert nicht gleich in ihr Gebiet und erobert Bereiche für sich. Neue Ideen müssen also vorsichtig anmoderiert und mit viel Fingerspitzengefühl eingebracht werden, damit der neue Mitarbeiter die vorhandene Ordnung nicht gleich komplett durcheinanderwirbelt. Jeder Neuankömmling im Territorium wird erst einmal skeptisch betrachtet, auch wenn er uns letztendlich unterstützt, uns hilft. Er muss sich seinen Platz erst erobern beziehungsweise erarbeiten, bis er voll und ganz als Mitglied der Gruppe akzeptiert wird.

Der Kampf um die Kaffeetasse

Bleiben wir noch kurz am Arbeitsplatz und machen wir einen Abstecher in die Tee- oder Kaffeeküche. Sie kennen das bestimmt: Sie haben eine Lieblings-Bürotasse mit einem Muster oder einem Aufdruck, aus der Sie täglich Ihren Kaffee genießen. Eines Morgens ist die Tasse weg – unauffindbar. Sie vermuten zuerst ein Missgeschick der Reinigungsfirma und sehen Ihre geliebte Tasse schon in tausend Scherben im Müll liegen. Also nehmen Sie eine der anderen, neutralen Tassen und gehen zurück zu ihrem Schreibtisch. Auf dem Weg dorthin entdecken Sie »Ihre« Tasse auf dem Schreibtisch eines Kollegen. Sie sind irritiert, es stört Sie massiv. Das ist doch Ihre Tasse! Sie haben diese Tasse zwar nicht gekauft – sie war schon da, als Sie ins Unternehmen gekommen sind. Trotzdem haben Sie sie täglich aus Gewohnheit benutzt und so als Ihr Territorium markiert. Dass der Kollege so ungeniert genau diese Tasse benutzt, empfinden Sie als Angriff auf Ihren Bereich.

Gäste in unserem Territorium

Wenden wir uns einem anderen Thema im Bereich Büro- oder Firmenterritorium zu – dem Gast. Welche Wichtigkeit gebe ich dem Gast? Wie, das heißt, auf welche Weise und wie weit lasse ich den Gast in mein Territorium vordringen?

Ich entscheide, wann der Gast in meine Räume kommen darf. Sofern er über ein halbwegs gutes Benehmen verfügt, wird er auch warten, bis ihm Eintritt gewährt wird, und nicht einfach hereinplatzen. In der Chefetage ist es meist selbstverständlich, dass zunächst die Sekretärin den Gast empfängt und ihn ins Büro des Chefs begleitet – man könnte auch sagen: eskortiert. Sie schützt einerseits den Gast in ihrem Territorium, damit er sich leichter zurechtfindet, andererseits verteidigt sie auch das Büroterritorium, in das sie den Gast nicht allein eintreten lässt; sie behält ihn damit quasi unter Kontrolle.

Auch zu Hause lasse ich nicht jeden Besucher gleich ins Schlafzimmer, sondern werde ihm sagen, wo er Platz nehmen darf. Und ich halte vermutlich die Türen zu gewissen Räumen verschlossen.

In jedem Bereich gibt es andere Spielregeln. Sogar dort, wo wir unsere Freunde besuchen, also im privaten Raum. Wir werden an der Tür empfangen, wir schenken Blumen oder überreichen ein kleines Mitbringsel, um damit zu zeigen, dass wir in Frieden kommen. Wir werden dann in die Räume der Wohnung oder des Hauses begleitet. Sind wir besonders gute, enge Freunde, gehen wir oft im Haushalt der Freunde ein und aus, fühlen uns also fast wie zu Hause. Wir bewegen uns frei und gehen zum Beispiel allein ins Wohnzimmer. Wir zeigen damit: »Ich fühle mich hier zu Hause und gehöre zum Inventar dieses Territoriums.«

Besuche einer ganz anderen Art, bei denen es um ein politisches Territorium geht, also um die ursprüngliche Bedeutung des Begriffs »Territorium«, sind Staatsbesuche. Besucht der Präsident der Vereinigten Staaten ein anderes Land, dann ist seine Air Force One immer noch (ex)territoriales Gebiet der USA. Erst in dem Moment, in dem er seinen Fuß auf den roten Teppich im anderen Land setzt, verlässt er sein Territorium und betritt das Territorium des Gastlandes. Meist wartet der Regierungschef oder der Präsident auf den hohen Gast und eskortiert ihn bei den ersten Schritten in sein Land.

Ähnlich ist es im Geschäftsleben. Wir haben oben bereits besprochen, dass normalerweise die Sekretärin den Gast ins Chefbüro begleitet. Sehr wichtige Kunden werden dorthin geführt. Der Gastgeber verlässt seinen Schreibtisch, kommt dem Besuch entgegen und begleitet ihn das letzte Stück zum Schreib- oder Besprechungstisch. Damit erweist er dem Gast höflich Respekt und signalisiert, dass der Besuch fast ein wenig »privat« und nicht nur dienstlich ist, dass der Gast auf jeden Fall persönlich hochgeschätzt wird. Er gibt ihm eine höhere Wertigkeit. Diese Rituale sind heute im Geschäftsleben immer noch weitverbreitet.

Wie ist es aber, wenn wir als Besucher in eine fremde Firma kommen und nicht ins Büro dürfen, sondern in einem neutralen Raum, neudeutsch Meetingraum, empfangen werden?

Das ist eher unpersönlich. Ich kann verstehen, dass Mitarbeiter Kunden oder andere Gäste lieber nicht an ihrem Arbeitsplatz haben wollen, weil sie dann einiges über sich selbst preisgeben. Sie wollen ihr persönliches Territorium lieber schützen. Im Meetingraum treffen wir aber den Funktionsträger und nicht den Menschen. Das finde ich schade! Wenn ich in ein Büro komme, erhalte ich so viele Informationen über diese Person – wie oben bereits erwähnt: Welche Bilder stehen da? Hat er eine Aktentasche auf dem Tisch liegen? Liegen Papiere herum oder ist es hier ordentlich? Das heißt, ich bekomme ein Gefühl für die Person, mit der ich spreche. Ich erkenne den Menschen hinter der Funktion. Selbstverständlich versuche ich am Anfang, mit ein paar persönlichen Sätzen etwas mehr über mein Gegenüber zu erfahren. Leichter gelingt dieses Brückenbauen natürlich, wenn ich den Mitarbeiter auf Gegenstände an seinem Arbeitsplatz ansprechen kann.

Schauen wir uns nun die Gegenseite an, den Mitarbeiter, der uns empfängt: Er hat an seinem Arbeitsplatz, in seinem Büro, die Möglichkeit, mich in seinem Bereich willkommen zu heißen – oder auch nicht. Räumt er ein paar Sachen auf seinem Schreibtisch beiseite, schafft er für mich als Gast Freiraum, gibt er mir ein gutes Gefühl. Er sagt mit seiner Geste: »Schau, ich gebe dir Raum.« Schreibtische können aber auch wie die Chinesische Mauer wirken, wenn sie voller Bücher und anderer Gegenstände sind, die dem Gast keinen Zentimeter Platz auf dem Schreibtisch bieten. Beim Anblick eines solchen Schreibtisches wissen Sie: Hier verbarrikadiert sich offensichtlich jemand und möchte niemanden in sein Territorium vorlassen. Das sind Leute, die auf diese Weise sagen: »Wie ich meine Arbeit mache, ist *meine* Sache.«

Ganz anders gestaltet sich ein Besuch in einer Behörde: Dort müssen wir artig eine Nummer ziehen und warten, bis wir aufgerufen werden – einer nach dem anderen. Der Beamte wird nicht aufstehen und uns im Flur oder Warteraum abholen und zu seinem Platz geleiten. Nein, er bleibt sitzen. Wir treffen uns auf einer sachlichen Ebene, weniger auf einer persönlichen Ebene. Es geht einzig und allein um ein formales Anliegen. Rundherum sind Spielregeln einzuhalten, und uns wird geholfen oder erklärt, warum man uns nicht helfen kann. Eine solche reine Amtshandlung kann der Bedienstete, oft ein Beamter, aber auch etwas angenehmer gestalten. Er kann persönlich sein, fast ein wenig »privat« wirken, indem er uns beispielsweise zuvorkommend grüßt, kurz lächelt und freundlich fragt, was er für uns tun könne. Das löst ein wenig die Spannung, denn jeder, der in einen fremden Raum kommt, ist automatisch etwas angespannt. Der Beamte muss sein Territorium ja nicht ganz so streng verteidigen.

Nicht nur der Besuchte verrät etwas über sich. *Wie* jemand ein fremdes Zimmer betritt, sagt zum Beispiel auch viel über den Besucher aus. Bleibt der Besucher in der Tür stehen und fragt: »Darf ich eintreten?« Oder wagt er sich nur bis zur Mitte des Raums vor? Dann fühlt er sich nicht wichtig genug. Marschiert er hingegen mit großen Schritten schnell bis zum Schreibtisch, signalisiert er damit: »Wir stehen auf derselben Hierarchiestufe, wir sind gleich, ich darf in dieses Territorium reinmarschieren, weil ich genauso viel Macht habe wie du. Wir kämpfen nicht miteinander, wir treffen uns in Frieden, aber auf Augenhöhe.«

Bleibt der Gastgeber hinter dem Tisch sitzen, hebt seine Augenbrauen und sagt: »Ja, bitte?«, bremst er den Besucher automatisch ab. Der Gast bekommt ein klares Signal, dass er stört und sich möglichst kurzfassen soll. Das mit der Augenhöhe klappt dann wohl hier nicht so gut.

All diese Beispiele sind nur ein Auszug vieler territorialer Rituale, die uns im Alltag begegnen.

Die Sache mit dem Abstand

Wir befinden uns immer noch auf physischem Territorium und sprechen über die Signale, die es hier gibt – und nein, wir sprechen jetzt nicht von Corona-Maßnahmen. Der Respekt vor dem Territorium anderer ist einer der wichtigsten Werte für die Wahrung von Harmonie in unserem Zusammenleben und gemeinsamen Arbeiten. Oft geht es dabei auch um den Abstand zueinander. Je enger der Raum, umso näher kommen sich die Menschen und umso kleiner wird das Territorium des Einzelnen. Wird es zu eng, stemmt man die Hände in die Hüften, um mit den Ellenbogen mehr Raum zu schaffen, um das eigene Territorium zu erweitern. Bei Partys oder Veranstaltungen kommen wir einander oft noch näher. Da gibt es zwei Möglichkeiten. Die erste: Wir integrieren uns und akzeptieren das Wir, das heißt, wir machen das Zusammensein zu *unserer* Party, zu *unserem* Territorium, sind also ein Teil davon. Gemeinsam schaffen wir eine vertraute Atmosphäre, in der Nähe akzeptiert wird. Die zweite Möglichkeit: Wir fühlen uns gestresst, es ist uns alles zu nah hier. Dann werden wir nicht Teil des Territoriums sein, sondern uns selber ausschließen. Wir werden uns befreien und die Party verlassen oder zumindest temporär an die Luft gehen. Das lockert, tut gut, und wir können danach eventuell wieder zurückkehren.

Ein ähnliches Verhalten beobachten wir in beruflichen Meetings. Dort entstehen oft Spannungen, nicht nur, weil wir mit dem Thema oder der Stellungnahme eines Kollegen nicht einverstanden sind. Spannungen entstehen auch, weil in so einer Situation automatisch mehrere Menschen auf engem Raum nah beisammensitzen. Pausen in kürzeren Abständen helfen, damit die Teilnehmer sich ein bisschen entspannen können und wieder frisch, mit neuen Ideen an den Tisch zurückkehren. Andernfalls kann die Stimmung im Meeting immer aggressiver werden.

Warum das so ist? Wir können unseren persönlichen territorialen Raum nicht verteidigen. Der Instinkt ist uns angeboren, Raum für uns alleine zu finden, zu markieren und zu verteidigen.

Wir haben schon oben einmal kurz unser Haus, unsere Wohnung verlassen und uns mit dem gemeinsamen Hausflur im Mietshaus, mit dem Garten und mit dem Weg zum Arbeitsplatz befasst. Gehen wir jetzt ein Stück weiter und betrachten den größeren öffentlichen Raum – das Dorf, die Stadt, das Land ...

Der öffentliche Raum

Bewegen wir uns also jetzt auf die Straße vor das Haus. Wem gehört dieser öffentliche Raum eigentlich? Eine Gasse, Straße oder ein Platz gehört selbstverständlich dem Dorf oder der Stadt, also der Gemeinde. Das ist ein unbekanntes Wir. Warum unbekannt? Dieses Wir sind die Bürger und die Verwaltungsorgane der jeweiligen Gemeinde. Die hierarchisch organisierte Verwaltung des Dorfes, der Stadt oder des Landes organisiert und verteidigt die Räume des Wir. Wir alle nutzen diese Räume.

So wie unser Wohnzimmer, das wir zeitweise mit anderen teilen, so teilen wir auch mit anderen alle öffentlichen Plätze, Straßen, Wege und Parks. Das sind alles öffentliche Räume, die wir mit unseren Mitmenschen teilen. Damit es in diesen Allgemeinterritorien nicht permanent zu Konflikten kommt, einigen wir uns auf Spielregeln: Was darf ich? Was darf ich nicht? Wann und wo muss ich Grenzen beachten mit meinem Verhalten auf öffentlichen Plätzen?

Die öffentlichen Bereiche gehören uns zwar allen, und doch gehören sie temporär auch jedem von uns allein. Ich nenne einen solchen Platz, ein solches Gebiet, das kurze Zeit uns allein gehört, das Kurzzeitterritorium. Das heißt, für kurze Zeit darf ich es besitzen, darauf gehen, mich darauf aufhalten und so weiter.

Was meine ich damit im Detail?

Ich lade Sie ein zu einem Spaziergang durch Straßen, in Parks und an andere öffentliche Plätze. Beobachten wir einmal das Verhalten der Menschen dort. Da, wo wir gehen, gehen auch andere Menschen – neben, hinter oder vor uns. Wenn uns jemand entgegenkommt, respektieren wir höflich das Recht des anderen auf diesem Weg. Obwohl wir ihn eigentlich als unseren Weg betrachten, auf dem wir gerade Territorium beanspruchen. Das sind nun einmal die Spielregeln.

Wenn wir mit dem Auto unterwegs sind, ist die Abgrenzung von öffentlichem und nicht öffentlichem Raum nicht so einfach. Im Auto sitze ich in einem geschlossenen Raum, in *meinem* Raum – denn es ist mein Auto. Dieser geschlossene Bereich, dieser Raum, ist nicht statisch, sondern bewegt sich, und das tut er mit einer gewissen Geschwindigkeit. Wir sind sozusagen in einem fahrenden Territorium unterwegs in einem öffentlichen Raum. Zu diesem Raum gehört auch der Bremsweg meines Pkws – ebenso wie der Bremsweg anderer Autos. Ein Territorium ist also nicht nur mein Auto selbst, sondern auch der Raum vor mir, hinter und neben mir auf der Straße. Mit der Höhe der Geschwindigkeit verlängert sich der Bremsweg, falls ich abbremsen muss. Damit wird auch das Territorium vor und hinter mir größer, das ich beanspruche. Ich muss das Gefühl haben, sicher fahren zu können. Wenn nun ein anderer Fahrer die jeweils angemessene Entfernung zu unserem Auto nicht einhält, ist das ein Grund für uns, ärgerlich zu werden. Wenn ein anderer Fahrer drängelt oder sogar unsere Spur schneidet, fühlen wir uns bedroht. Selbst wenn uns dann nichts passiert, sind wir irritiert oder gar sauer, weil uns der andere Fahrer den Weg abschneidet oder uns – für unser Empfinden – zu nahe kommt. Denn damit dringt er in unser Territorium ein. Obwohl die Straße im Prinzip ein öffentliches Territorium ist, das uns ja allen gehört, ist der Straßenabschnitt, auf dem ich mich jeweils bewege, kurzfristig *mein* Territorium. Solange ich auf dieser Spur fahre, empfinde ich diesen Abschnitt der Spur, auf dem ich mich gerade bewege, als *mein* Territorium.

Interessant ist, dass wir auf Wege oder Straßen, die wir regelmäßig begehen oder befahren, Anspruch erheben. Wir sprechen von »meinem Heimweg«, und schon identifizieren wir uns mit dieser Strecke. Das geht so weit, dass wir irritiert sind, wenn es plötzlich eine Umleitung wegen einer Baustelle gibt. Dann müssen wir unser gewohntes Territorium verlassen und einen anderen Weg gehen oder fahren. Wir ärgern uns, weil jemand Fremdes über unser Territorium entscheidet und unseren Weg einfach umleitet.

Genauso ärgern wir uns, wenn jemand, der schneller geht als wir, uns auf dem Gehweg den Weg abschneidet.

Beobachten wir einmal, wie die Menschen in solchen Situationen reagieren. Beim Autofahren ebenso wie auf dem Gehsteig: Sie sind aggressiv, schimpfen oder strafen den anderen zumindest mit einem bösen Blick. Derjenige, der bremsen oder seine Gehgeschwindigkeit reduzieren muss, ärgert sich, weil jemand seinen Weg kreuzt und damit sein Territorium stört.

Steigen wir jetzt einmal um in ein öffentliches Verkehrsmittel. Zur Hauptverkehrszeit kann es da ganz schön knapp werden mit dem Platz. Wir sind gezwungen, sehr eng beieinanderzustehen, und manchmal sind auch Berührungen nicht zu vermeiden. Wir spannen dann automatisch unsere Muskeln leicht an, so, als ob wir sagen wollten: »Okay, ich mache mich kleiner, ich mache Platz.« Diese kleine Anspannung löst aber noch etwas anderes in unserem Körper aus. Wir blockieren unsere Empfindungen. Selbst wenn uns jemand berührt oder wir jemanden berühren, sind die Wege der sensorischen Informationen, die bei Berührung normalerweise unser Gehirn erreichen würden, durch die Anspannung gesperrt. Lockert jemand jetzt aber seinen Körper oder den Arm, der gerade meinen Körper berührt, dann wird das schnell viel zu intim. Es ist so, als ob ich die Wärme des anderen spüren würde. Nicht nur im Zeitalter von #MeToo kann das zu Konflikten führen. Damit sind wir unter Umständen schnell bei sexueller Belästigung. Mit der Anspannung geben wir ein kleines Signal: »Ich mache mich klein, tut mir leid, es ist eng hier.« Hält sich jemand nicht an die Spielregeln, steht breitbeinig da und hält auch seine Arme vom Körper weg, stört uns das. Diese Person beansprucht zu viel Raum, den sie anderen wegnimmt. Von den anderen Öffi-Fahrern wird sie mindestens mit einem bösen Blick abgestraft, wenn nicht sogar angepöbelt.

Setzen wir unseren Spaziergang nun in einem Park fort. Dort kann man sehr viel beobachten. Wollen wir uns auf einer Bank ausruhen, dann nehmen wir ebenfalls öffentliches Territorium temporär in Besitz. Interessant ist, *wie* wir das tun und *was* wir damit signalisieren. Jüngere Leute zeigen oft ein stärkeres Bedürfnis, Territorium zu erobern. Sie platzieren sich in der Mitte der Bank und breiten ihre Arme auf der Banklehne aus. Damit ist ganz klar, dass es niemand auch nur wagen sollte, sich auf diese Bank neben sie zu setzen. Sie zeigen ziemlich eindeutig: »Die ganze Bank gehört mir.«

Anders verhalten sich oft ältere Menschen. Sie setzen sich ganz bescheiden auf eine Seite der Bank und geben Platz für andere frei. Sie signalisieren: »Der Platz ist noch frei, vielleicht möchte mir jemand Gesellschaft leisten.« Es passiert oft, dass ältere Leute auf der Kante einer Bank sitzen und damit eine Einladung an andere Leute aussprechen: »Du kannst kommen und dich zu mir auf meine Bank setzen.« Sie beanspruchen das Territorium nicht ausschließlich für sich, sondern geben ihren Mitmenschen eine Chance, es auch zu nutzen.

Setzen wir unseren Streifzug fort und beobachten nun Straßenmusiker, Zauberer, Akrobaten oder andere Straßenkünstler. Vor allem in der wärmeren Jahreszeit erfreuen sie uns mit ihren Darbietungen. Sie stehen oder sitzen, haben vielleicht ein Mikrofon aufgestellt, einen Musikverstärker neben sich und natürlich ihren Hut oder ein anderes Behältnis vor oder neben sich, um Geld zu sammeln. Mit all diesen Gegenständen beanspruchen sie einen Teil des öffentlichen Raums und markieren ihr Territorium. Wir können aber Unterschiede beobachten: Liegt der Hut gleich neben dem Künstler, zeigt er: »Ich bin bescheiden, ich nehme nur ein kleines Territorium ein.« Je weiter der Hut von ihm entfernt liegt, umso größer wird sein Territorium. Wenn Sie das beobachten, sehen Sie, dass sich Passanten selten zwischen Künstler und Hut bewegen werden. Der Raum zwischen ihm und dem Hut bleibt sein Territorium. Der Kreis der Zuschauer beginnt immer erst hinter dem Hut. Das heißt, ein Künstler kann sein Territorium damit selbst bestimmen und abgrenzen, wo er den Hut platziert. Und die Zuschauer/Zuhörer akzeptieren das. Natürlich wird das Territorium auch durch die Darbietung markiert. Ein Sänger wird weniger Raum beanspruchen als eine Akrobatik-Gruppe. Diese temporäre Eroberung von allgemeinem Territorium wird von allen respektiert. Es irritiert nicht nur die Darsteller, sondern auch uns, wenn Personen diesen Raum ignorieren und mitten durch die »Bühne« latschen. Wir strafen Sie mit Blicken oder schimpfen: »Seht ihr nicht, ihr stört eine Vorstellung und nehmt Raum von der Bühne weg.«

Die Eroberung von Räumen auf öffentlichen Plätzen können wir auch im Urlaub sehr gut beobachten. Sie ahnen sicher schon, was jetzt kommt. Im Sommer suchen wir uns alle einen Platz an der Sonne, gern am Pool oder am Strand. Manchmal sind gute Liegestühle oder Sonnenliegen leider nur begrenzt vorhanden. Es gibt mehr Gäste im Hotel als freie Plätze am Pool. Was passiert also? Einige Gäste markieren schon vor dem Frühstück einen Platz mit ihrem Handtuch, einem Buch oder einer Zeitung. Somit ist gleich mal klar: »Diese Liege ist besetzt!« Selbst wenn sich das Handtuch den halben Vormittag lang allein langweilt, respektieren die anderen Gäste dieses Signal: Dieses Territorium ist vergeben. Ganz nach dem Motto »Wer zu spät kommt, den bestraft das Leben«, bleibt für den Langschläfer und Frühstücksgenießer kein Platz an der Sonne mehr übrig. Manch einer geht sogar noch einen Schritt weiter und markiert sein Territorium nicht einmal selber, sondern gibt dem Personal ein Trinkgeld, damit es Magazine und ein Handtuch auf der Liege platziert und damit FÜR UNS Territorium erobert. Moralisch gesehen ist das nicht ganz fair, denn alle Gäste haben ein Recht auf eine Sonnenliege. Das Recht auf den Platz am Pool steht jedem Gast zu. Wenn wir rechtzeitig kommen, um einen der begehrten Plätze zu ergattern, ist das ja auch okay, sofern wir auch tatsächlich anwesend sind. Wie ist das aber, wenn wir *nicht da* sind, sondern nur unsere Zeitung oder ein Handtuch von uns dort liegt? Besitzen wir so einen Platz? Ja, es ist wohl schon so, dass wir das Territorium erobert haben. Zumindest wird das grundsätzlich als Spielregel im Miteinander so akzeptiert.

Aber nicht nur das Rennen um die Sonnenliege ist ein territoriales Thema im Urlaub. Vor einigen Jahren war ich in Norddeutschland am Strand und habe Familien beim Bauen von Sandburgen beobachtet. Sie errichten eine große Burg und beanspruchen dabei ein großes Territorium. Und sie lassen diese Burg für die nächsten

Tage einfach stehen. Ich meine damit nicht kleine Burgen am Strand, wie Kinder sie bauen, Burgen, die das Meer am selben Abend wieder wegspült. Nein, ich spreche von richtig großen Sandburgen, die eben einige Tage »überleben« können. Was für ein Konfliktpotenzial, wenn am nächsten Tag eine andere Familie kommt, die eine bereits fertige, aber verlassene Sandburg vorfindet und es sich daneben bequem macht. Taucht dann später die Burgbauer-Familie auf, wird sie nicht sonderlich erfreut sein. Sie hat das Gefühl, dieser Platz gehöre ihr allein. Streit ist vorprogrammiert.

Aber hat die Familie wirklich ein Vorrecht auf diesen Platz am öffentlichen Strand? Nur deshalb, weil sie gestern eine Sandburg gebaut und dort gespielt hat? Haben Sandburgen heute am Ende die gleiche Wirkung auf uns wie die Burgen im Mittelalter?

Nach unserer ausgedehnten Reise im öffentlichen Raum machen wir jetzt noch einen kurzen Abstecher in ein Lokal oder Restaurant. Zwar wird es von einer Privatperson betrieben, doch es ist dennoch ein öffentlicher Raum, weil jeder eingeladen ist, dorthin zu gehen. Vielerorts gibt es einen Stammtisch. Einen Stammtisch als solchen zu markieren, ist auch eine Art territorialer Besetzung. Jemand, der nicht zur Stammtischrunde gehört, darf dort nicht sitzen. Ein neuer Gast, der den freien Tisch sieht und versucht, dort Platz zu nehmen, wird gleich als Eindringling disqualifiziert, denn er versucht ja, das Stammtischterritorium zu erobern. Sieht das jemand aus der Stammtischrunde, ist dem neuen Gast zumindest ein böser Blick sicher.

Oft haben wir in unserer Wohnumgebung ein Lokal, in dem sich immer die gleichen Besucher aus der Umgebung treffen. Der Begriff »zweites Wohnzimmer« ist Ihnen bestimmt schon einmal untergekommen. Vielleicht haben Sie ja selber so einen Ort. Wie ist das jetzt, wenn ein Tourist oder ein anderer neuer Besucher ins Lokal kommt? Die Stammgäste werden den Eindringling mit skeptischen Blicken bedenken: »Was hat er oder sie hier zu suchen?« Der Wirt freut sich natürlich über jeden Gast, der etwas konsumiert, und würde daher niemanden ausschließen. Die Stammgäste empfinden das aber als Eindringen in ihr gewohntes Territorium. Besonders schwierig wird es, wenn der Neue vielleicht auch ein bisschen anders aussieht als das Stammteam. Sei es, dass er andere Kleidung trägt, eine andere Sprache spricht oder eine andere Hautfarbe hat. All das ist schon mal suspekt. Selbstverständlich werden die »wohlerzogenen« Stammgäste nicht sagen: »Du darfst hier nicht herein, du hast hier keinen Platz und du bekommst nichts zu essen und zu trinken.« Aber zumindest strafen die Stammgäste den Neuen mit Blicken. Sie werden immer wieder kontrollieren, ob er sich »ihrem« Territorium entsprechend richtig verhält und die Regeln einhält. Andernfalls gäbe es ja vielleicht einen Grund, ihn verjagen zu können.

Natürlich gibt es auch andere Gruppen, die einem neuen Gast gegenüber offen sind, ihn akzeptieren, interessant finden und kennenlernen wollen. Sie werden neugierig Fragen stellen, um mehr zu erfahren und ihn willkommen zu heißen.

Ähnlich wie mit dem Stammtisch verhält es sich auch mit Lokalen, in die wir immer wieder gerne gehen und in denen wir nach Möglichkeit denselben Tisch wählen oder uns in dieselbe Ecke setzen. Ist dieser Platz einmal von einem anderen Gast belegt, sind wir irritiert. Wir meinen, dass wir doch ein Vorrecht auf diesen Platz haben! Wir sitzen doch immer da! Irgendwie wird auch dieser Platz, diese Ecke zu unserem Territorium – zumindest für den Zeitraum, den wir im Lokal verbringen.

Eine Geschichte aus meinem Nähkästchen

Mein Leben lang war ich sehr viel unterwegs auf Tourneen oder später auf Vortragsreisen. Das Hotel, in dem ich an verschiedenen Orten jeweils untergebracht war, schien mir fast wie ein Zuhause zu sein. Es war mir sehr angenehm, wenn ich immer wieder im selben Hotel absteigen konnte. Die gut geschulte Hoteldirektion hat mir nach Möglichkeit auch immer dasselbe Zimmer gegeben. So kam ich in eine mir bereits vertraute Umgebung. Ich hatte oft auch dieselbe Zimmernummer und kannte schon eventuelle Eigenheiten wie eine klemmende Schranktür oder ein quietschendes Fenster. Ich habe wirklich ein Gefühl von Zuhause entwickelt, auch wenn ich immer nur für ein paar Tage in dem Hotel war.

Wir stellen gefühlsmäßig eine Zugehörigkeit zu dem Platz her, an den wir immer wieder zurückkehren. Das zu erkennen, war die Voraussetzung für den Erfolg der US-amerikanischen, international präsenten Hotelketten. Wenn ein Amerikaner reist, egal ob als Soldat oder als Tourist, will er gleichzeitig zu Hause sein. Die Häuser von Hilton oder anderen Unternehmen sind daher überall auf der Welt gleich konzipiert. Sie haben nach Möglichkeit die gleiche Architektur, die Zimmer sind gleich ausgestattet und haben das gleiche Design. Kommt man in eines dieser Hotels, weiß man nicht, ob man in Hongkong, in Deutschland oder in Frankreich ist, weil es innen immer gleich aussieht. Dem Amerikaner gibt das ein Sicherheitsgefühl: Draußen ist es »exotisch«, aber wenn er zurück ins Hotel kommt, fühlt er sich wie zu Hause.

Den US-amerikanischen Soldaten, die im fernen Ausland im Einsatz arbeiten, wollte und will man auch dieses gute Gefühl vermitteln, in der Fremde zu Hause zu sein. Daher bekommen sie bei solchen Einsätzen ihnen vertraute Getränke und Snacks: etwa die gleichen Chips wie in der Heimat, den gleichen Softdrink oder die geliebte Eiscremesorte. Diese kleinen Dinge ermöglichen es ihnen, sich innerhalb des fremden Territoriums wie zu Hause zu fühlen. Sie verbinden Heimat mit diesen Getränken und Snacks; sie können sich heimisch fühlen auf fremdem Boden.

Das Erkennen von vertrauten Dingen und das Identifizieren mit ihnen verleihen uns ein Gefühl der Sicherheit – ausgenommen sind vielleicht die Abenteurer unter uns, die immer etwas Neues wollen und weniger die Sicherheit und das Gewohnte schätzen. Diese Abenteuerlustigen sind ein bisschen wie die Nomaden der Urzeit. Sie ziehen umher und suchen immer wieder ein neues Territorium.

Der Sicherheitsbewusste ist eher irritiert und ärgert sich, wenn sein Zimmer, an das er sich gewöhnt hat, plötzlich anders aussieht oder anders dekoriert ist. Warum die Aufregung? Das ist einfach ein Zimmer, darin steht ein Bett, es hat einen Schrank und ein Bad nebenan. Das Gefühl »Es ist nicht meins«, das Bewusstsein von etwas Unbekanntem birgt eine Gefahr. Vielleicht kommt ja jemand mit Besitzansprüchen und vertreibt uns? Auch wenn das überhaupt nicht logisch ist, denken wir das unterbewusst trotzdem. Wir bewegen uns nicht mit der gleichen Lockerheit und Gelassenheit wie in unserem vertrauten, uns gut bekannten Territorium.

Film ab – wir gehen ins Kino

Wir gehen ins Kino. Es ist fast leer, wir setzen uns auf »unseren« Platz. Einer von den Kinobesuchern, die etwas später dran sind als wir, kommt in unsere Sitzreihe. Und obwohl es viele freie Plätze gibt, setzt er sich direkt neben uns. Warum auch nicht? Der Sessel ist frei und gehört nicht mir. Selbst wenn der Besucher ein Ticket für genau diesen Sitzplatz hat, verursacht mir sein Verhalten das Gefühl, er sei aufdringlich. Warum kommt er so nah, obwohl genug Platz da ist? Er kann doch auch woanders sitzen. Kann er nicht zumindest einen Sitz zwischen uns frei lassen? Natürlich unternehmen wir nichts – was auch? Der andere Besucher hat das gleiche Recht wie wir. Der Platz ist öffentlich, und jeder kann ihn nutzen. Trotzdem verlässt uns das Gefühl nicht, wir seien »im falschen Film«, jemand dringe in unseren Bereich ein. Wir werden uns nun irgendwie verschließen – die Hände verschränken, den Oberkörper leicht abwenden oder sonst irgendwie unser Territorium abgrenzen. Leichter akzeptieren wir ein solches Verhalten, wenn kein anderer Platz mehr verfügbar ist.

Wir nehmen Raum in Anspruch, der uns nicht gehört, solange wir es können, und dehnen unser Territorium so weit wie möglich aus.

Same time, same station

Gehen wir noch einmal kurz zurück in den Urlaub. Viele Menschen fahren aus lieber Gewohnheit jedes Jahr an denselben Ort und logieren dort im selben Hotel. Sie wollen einen Tapetenwechsel, sie möchten weg von zu Hause, und trotzdem wollen sie sich wie zu Hause fühlen. Kommen wir jedes Jahr an denselben Ort und in dieselbe Unterkunft, kennen wir irgendwann jeden Winkel, jeden Weg, vielleicht auch den Restaurantbesitzer von nebenan, den alten Mann am Zeitungskiosk oder die Dame an der Kasse im Lebensmittelgeschäft. Sie erkennen uns wieder und sind wie Freunde, die wir wie jedes Jahr zur selben Zeit am selben Ort treffen. Natürlich sind wir nicht zu Hause, aber durch das Gewohnte fühlen wir uns trotzdem heimelig. Nahezu eine Katastrophe ist es dann, wenn das Hotel den Besitzer wechselt und dieser das Hotel komplett renoviert, vielleicht sogar tiefgreifend modernisiert. Die Frage ist jetzt nicht, ob die Zimmer jetzt schöner oder bequemer sind, es ist einfach nicht mehr »unser Hotel«. Jemand hat unser gewohntes Territorium verändert, es wurde anders markiert.

Was empfinden wir jetzt? Wir sind enttäuscht und fühlen uns aus unserem Territorium vertrieben. Können wir wenigstens manche Dinge wiedererkennen, dann können wir uns ja vielleicht an das Neue gewöhnen. Ist aber alles komplett verändert worden, ist es einfach nicht mehr unser Hotel, es ist dann möglicherweise sogar nicht mehr unser Ferienort, wo dieses veränderte Hotel steht.

Gewohnheiten schaffen Bindungen an das, was uns lieb und vertraut ist. Ein gewohntes Territorium ist wichtig, um uns mit ihm identifizieren zu können. Es gibt uns das Gefühl dazuzugehören. Ich nenne Dinge, die wir wiedererkennen können – seien sie klein oder groß wie ein Hotelzimmer oder eine ganze Landschaft –, Anker. Ein Anker hält mein »Schiff«, er gibt mir eine gewisse Sicherheit. Ist alles rund um uns fremd, fühlen wir uns nicht sicher und damit auch nicht wohl. Also suchen wir uns einen Anker. Das kann auch ein Restaurant sein, das Speisen aus unserer Heimat anbietet oder Produkte, die uns von zu Hause bekannt sind. Das sind alles Anker – sowohl das Restaurant als auch sein Angebot.

Noch mehr freut es uns, in der Fremde Menschen zu treffen, die aus unserem Land oder unserer Stadt kommen. Das gibt uns das Gefühl, nicht allein zu sein auf fremdem Boden. Wir haben jemanden aus unserer gewohnten Umgebung um uns, es kann uns also nichts passieren.

Manchmal sind wir zwiegespalten: Einerseits suchen wir das Gewohnte, weil es uns Sicherheit gibt. Andererseits wird das Gewohnte mit der Zeit auch langweilig. Dann treibt uns die Neugier hinaus, Neues zu entdecken und unser Territorium auszudehnen, zu expandieren. Die Abenteuerlust gehört auch zum Überlebenstrieb. Ohne ein Risiko einzugehen, ohne neue Entdeckungen zu machen, gäbe es keine Weiterentwicklung und keine Möglichkeit, unser Leben zu verbessern. Wir würden dann stehen bleiben. Wir entdecken dann keine neuen Länder. Auch technische Erfindungen oder wissenschaftliche Neuerungen blieben uns dann verborgen. Wir unternehmen also stets eine Gratwanderung zwischen Sicherheit und Risiko, die nicht immer einfach ist.

Gerade in der Ferne passiert es, dass uns das Neue reizt. Wir denken über unser bisheriges Leben nach und vergleichen unser gewohntes Leben mit dem Leben, das wir weit weg von zu Hause erleben. War das bisher Erlebte alles, was mein Leben ausmacht? Wollte ich nicht einmal mehr für mich und mein Leben? Ganz wie in dem Songtext einer steirischen Band »Irgendwann bleib i dann dort« wollen wir aus unserem vertrauten Territorium ausbrechen und die vielleicht letzte Chance nutzen, etwas Neues auszuprobieren. Wir wollen uns in ein fremdes Territorium vorwagen: Vielleicht habe ich was verpasst? Vielleicht habe ich ja noch bessere Chancen? Gewohnheit macht uns faul, matt und weniger sensibel in der sicheren Komfortzone. Und jetzt haben wir vielleicht die letzte Chance, ein neues Territorium zu finden, eine Chance, in unserem Leben noch etwas Neues zu beginnen. Das kann eine neue Arbeit, eine neue Aufgabe, eine neue Sprache oder manchmal auch ein neuer Partner sein.

Wie ist das, wenn der Partner plötzlich durch äußeren Einfluss eine andere Weltanschauung oder einen anderen Lebensplan hat? Was, wenn ein Yogalehrer, irgendeine Gruppe mit einer anderen Weltanschauung oder einem anderen Blick auf die Welt oder mit anderen Werten oder

Ideen Einfluss nimmt und unseren Partner völlig verändert? Er ist plötzlich ganz anders, er denkt anders, er verhält sich anders. Ist das auch schon Untreue und eine Verletzung meines Territoriums? Dazu später mehr.

Wie wirklich ist die Wirklichkeit?

Vielleicht sollten wir an dieser Stelle noch einmal definieren, was meiner Empfindung nach – oder meiner Art zu denken nach – Existenz bedeutet. Eine sehr schwere Frage: Was ist Existenz? Selbstverständlich nehmen wir durch unsere Sinneswahrnehmung Dinge wahr, die wir benennen: Sie »existieren«, weil ich sie mit meinen Sinnen wahrnehme. Wir haben oben schon über die Wirklichkeit und unsere Wahrnehmung von Wirklichkeit gesprochen. Ein Großteil aller Dinge um uns herum ist gegenständlich. Die Dinge haben eine physische Gestalt. Das heißt, wir können sie durch Berührung ertasten, wir können sie schmecken, riechen, sehen, hören und so weiter. Ein Geruch etwa macht uns bewusst, dass etwas existiert, was riecht. Aber wir können dieses Etwas mit keinem anderen Sinnesorgan erfassen, also weder berühren noch sehen.

Ein anderes Beispiel: Unsere Augen sehen einen Regenbogen. Aber der Regenbogen ist für uns nicht wirklich »da«. Wir nehmen ihn optisch wahr, können ihn aber weder berühren noch riechen. Das heißt, es gibt verschiedene Existenzen für uns. Dinge existieren, solange wir sie über mindestens einen unserer Sinne wahrnehmen können. Es ist schön, wenn wir eine Sache über *mehrere* Sinne wahrnehmen können, wenn mehr als ein Sinn uns die Existenz dieser Sache bestätigt: Wir sehen eine Gestalt, können sie berühren, vielleicht können wir sie auch riechen? Oder wir hören einen Klang, nehmen ihn mit unseren Ohren wahr und sehen vielleicht auch noch, woher er kommt.

Es gibt also mehrere Arten von Existenz, mehrere Ebenen, auf denen etwas existiert. Und jedes unserer Sinnesorgane nimmt eine Existenz auf ganz eigene Weise wahr: Klang, Farbe, Gestalt, Geschmack und so weiter sind verschiedene Existenzen. All dieses von uns Wahrgenommene befindet sich im Hier und Jetzt. Unsere Sinnesorgane sind unsere Instrumente dieser Wahrnehmung im Hier und Jetzt. Verschwindet der Regenbogen vom Himmel und das Auge sieht ihn nicht mehr, ist er für uns nicht mehr da. Wie ein kleines Kind, das die Augen zumacht und glaubt, dass die Sachen dann verschwunden sind, so geht es uns dann auch. Öffnet das Kind die Augen wieder, sind die Dinge wieder da. Eine Existenz wahrzunehmen ist also auch eine Art von Erlebnis.

Blicke sind spürbar

Bleiben wir noch ein bisschen beim Sehen. Jemand schaut mich an, er nimmt mich mit seinem Blick wahr. Es ist grundsätzlich natürlich positiv, dass er mich wahrnimmt. Aber Blick ist nicht gleich Blick. Der Blick kann freundlich sein, dann fühlen wir uns wohl damit. Er kann aber auch bedrohlich sein und etwa sagen: »Komm mir nicht so nah.« Blicke sind immer nur Blicke – aber sie können verschiedene Bedeutungen haben: Sie können den Wunsch nach Nähe oder auch nach Distanz ausdrücken: »Du bist mir sympathisch«, oder: »Bleib mir fern.« Im ersten Fall sind die Augen offen und freundlich. Im zweiten Fall sind sie schmal und fokussiert, eine Drohgebärde, die signalisiert: »Bis hierher und nicht weiter.«

Blicke können auch eine räumliche Nähe erzeugen. Gehen wir noch einmal ins Kaffeehaus. Ein Fremder sitzt an einem anderen Tisch und schaut zu uns herüber, er beobachtet, wie wir essen, wie wir reden – vielleicht hört er sogar, was wir sagen. Wir senken unsere Stimme, versuchen, extra leise zu sprechen. Aber allein die Tatsache, dass er dauernd zu unserem Tisch herüberschaut, irritiert uns.

Bemerken Sie etwas? Auch Blicke gehören zum Thema »Eindringen in fremdes Territorium«. Ja, auch Blicke können Grenzverletzungen sein. Es ist so, als ob der Blick einer anderen Person diesen Menschen uns auch physisch näherbringt. Plötzlich ist er in unserem Territorium drin und nimmt daran teil, obwohl er sich physisch in einem anderen Territorium befindet. Blicke können sehr eindringlich sein.

Wie ist das jetzt, wenn wir in einer Gruppe sind und uns Blicke anderer Gruppenmitglieder treffen? Halten wir uns in einer Gruppe auf, wollen wir natürlich möglichst nicht aus der Reihe tanzen, sondern uns gruppenkonform verhalten. Immerhin hängt unsere Position in der Gruppe davon ab, ob wir geschätzt werden und für die Gemeinschaft nützlich sind oder nicht. Der Blick eines anderen Gruppenmitglieds kann bewundernd oder aufmunternd sein, er kann aber auch irritierend sein, wenn er kritisch ist: »Was hast du gemacht?« Oder: »Ist das richtig?« Oder: »Ist das falsch?«

Wir müssen wissen: Ein Blick ist immer nur ein Blick, ganz gleich, was er ausdrücken soll. Wenn wir den Blick empfangen, interpretieren wir ihn. Und erst diese Interpretation löst etwas in uns aus, erzeugt ein Gefühl in uns – positiv oder negativ. Das heißt, wir können Blicke eventuell auch falsch interpretieren. Das muss uns bewusst sein.

Blicke können auch dann irritieren, wenn sie uns aus größerer Entfernung zugeworfen werden. Vielleicht haben Sie auch eine Nachbarin im Haus nebenan – also durchaus nicht in unmittelbarer Nähe –, die permanent von ihrem Fenster aus in Ihre Wohnung schaut. Zumindest immer dann, wenn Sie am Fenster vorbeigehen und hinausschauen. Dann können Sie die Nachbarin immer sehen. Sie schaut ständig herüber. Rasch werden Sie das Gefühl haben, dass die Nachbarin auch physisch in Ihrer Wohnung ist. Sie hat da eigentlich gar nichts zu suchen. Ihr Verhalten irritiert Sie, denn sie mischt sich in Ihr Territorium ein.

Was tun wir in einem solchen Fall? Wir schützen uns vor den unerwünschten Blicken neugieriger Nachbarn. Wir ziehen die Gardinen zu oder lassen die Jalousien herunter. Scheint die Sonne ins Zimmer, ziehen wir vielleicht auch die Gardinen zu, obwohl die warmen Strahlen oft ja sehr angenehm sind. Die Blicke der Nachbarn sind es nicht.

Es gibt allerdings verschiedene Verhaltensweisen von Nachbarn: Der eine schleicht sich wie ein Dieb bei uns ein: Wir bemerken den territorialen Eingriff nur, weil sich plötzlich die Gardine am Fenster des Nachbarn bewegt. Der Nachbar lugt von der Seite zwischen den Stoffbahnen hindurch wie ein Spion. Schauen wir dann direkt dorthin, wo sich die Gardine bewegt, fühlt er sich ertappt und zieht sich schnell zurück. Wir sollen ja nicht bemerken, dass er gerade versucht hat, unser Territorium mit Blicken zu erobern.

Ganz anders verhält sich eine rücksichtsvolle Nachbarin von mir, deren Terrasse meiner gegenüberliegt: Sie hat sich neulich bei mir entschuldigt, weil sie mich nicht immer über das Geländer ihrer Terrasse hinweg grüßt. Ihre Begründung fand ich sehr interessant: Sie wolle mich nicht in meiner Privatsphäre stören. Damit meinte sie natürlich, dass sie nicht in mein Territorium vordringen wolle.

Andere Länder, andere Sitten: Es hängt auch von der jeweiligen Kultur ab, wie lange ein Blick sein darf, wie die Spielregeln definiert sind. Im Mittelmeergebiet oder in anderen Ländern, die mit milden Jahrestemperaturen gesegnet sind, dürfen Blicke wohl etwas länger sein als in anderen Breitengraden. Auch Männer schauen sich dort manchmal länger und tiefer in die Augen, ohne dass der Blick sexuell interpretiert wird. Es wird allgemein akzeptiert, Blicke etwas länger zu halten.

In Holland haben viele Häuser auch im Parterre große Fenster. Die Niederländer sind offen und haben weniger Probleme, wenn Passanten ihnen in die Wohnung schauen. Besonders am Abend, wenn das Licht in den Räumen brennt und man von außen besser hineinsehen kann, würden wir in Deutschland, Österreich und der Schweiz eher die Gardinen schließen. Nicht aber die Niederländer.

In Mitteleuropa versuchen wir uns eher vor fremden Blicken zu schützen. Das ist auch in Hotels zu beobachten. Sobald es dämmert, werden die Fenster zur Straße mit Gardinen, Jalousien oder mit anderen Mitteln verdunkelt. Dabei wäre es für die Gäste doch so schön, den Sonnenuntergang zu beobachten.

Warum schauen Menschen, die draußen vorbeigehen, abends gern durch die Fenster in fremde Räume? Ein Blick schwenkt eher zum Licht. Wenn es draußen dunkel und drinnen hell ist, schauen wir zwangsläufig hinein. Also schützen die Hotelbediensteten ihre Gäste vor neugierigen Blicken von draußen, sie schränken die Sicht nach innen ein.

Wir nehmen überall um uns herum wahr, dass ein einziger Blick mehr sagen kann als tausend Worte. Das Gefühl, uns vor Eindringlingen in unser Territorium schützen zu müssen, begleitet uns auf Schritt und Tritt. Wir haben alle schon einmal folgende Situation in einem Lift erlebt: Andere Personen betreten die Liftkabine, wir wechseln kurze Blicke miteinander, die sagen: »Ich habe dich wahrgenommen, ich ignoriere dich nicht.« Das ist nur ein kurzer Hingucker, dann wandert der Blick entweder zum Boden, auf die Leuchtanzeigen der Stockwerke, aufs Mobiltelefon oder woandershin. Damit vermeiden wir sozusagen territoriale Konfrontationen in diesem engen Raum. Die kleine Liftkabine ist damit neutral, was unser territoriales Empfinden betrifft, und wir akzeptieren das.

Wie oben erwähnt, wird ein Blick als zudringlich empfunden, wenn er länger als in einer bestimmten Kultur üblich dauert. Ein zu langer Blick kann verschiedene Reaktionen auslösen: Aggressivität oder Flucht. Der eine wird zornig, der andere packt seine Sachen und sucht sich einen anderen Platz. Das heißt, ein zu langer Blick kann einen Menschen physisch wegtreiben.

Auch ein Flirt fängt immer mit einem längeren Blick an. Folgt dann ein Lächeln? Oder nicht? Ist die mittlere Körperpartie, also der Rumpf, beim Beginn des Flirts jeweils der anderen Person zugewandt? Oder ist das nicht der Fall? Davon hängt nämlich ab, ob der Flirt weitergeht. Mit zugewandter Körperhaltung und einem Lächeln zeigen wir: »Ich schütze mich nicht, du bist mir willkommen.« Ganz anders ist es, wenn wir uns wegdrehen. Das bedeutet ein klares »Nein, danke!«.

Blicke dringen nicht physisch in uns ein, der andere bleibt (weit) von uns weg. Wir empfinden es aber trotzdem so, als ob ein intensiver Blick die Distanz zwischen uns beiden verkürzt. Mehr noch: Ein Blick »berührt« – und nicht nur das. Er kann sogar richtig »unter die Haut« gehen. In dem Fall ist der Blick dann schon sehr intim.

Ein Blick kann auch wie ein Spion sein, durchdringend. Er »erfährt« dann sehr viel und nimmt Informationen auf. Das ist der Grund, warum wir Blicke als gefährlich wahrnehmen können. Sie können uns entlarven. Erinnern wir uns an das Beispiel mit der Nachbarin hinter der Gardine. Wie ist das, wenn sie ein Fernglas in der Hand hat? Oder noch schlimmer, ein Teleskop? Schnell fühlen wir uns so, als ob eine Kommandoeinheit einen Angriff auf uns plant. Wir empfinden dieses Teleskop wie eine Waffe – eine Kanone –, die uns bedroht und in unser Territorium eindringt.

Und dann gibt es da noch die kleinen Blicke: ein unmerkliches Eindringen. Zum Beispiel der Blick über die Schulter. Ein Arbeitskollege geht am Schreibtisch vorbei und schaut über die Schulter, was der Kollege da macht oder was auf dem Schreibtisch liegt. Auch das ist Eindringen in das Territorium eines anderen. Anders, wenn wir dem Kollegen einen freundlichen Blick zuwerfen. Damit laden wir ihn in unser Territorium ein.

Als ganz schlimme Grenzverletzung empfinden wir es, wenn jemand ohne unsere Erlaubnis unsere Briefe oder Tagebücher liest. Selbst wenn wir das gar nicht mitbekämen, wäre es eine Verletzung unseres intimsten Territoriums. Die Liste solcher Beispiele ließe sich noch weiter fortführen, aber wenden wir uns jetzt einem anderen unserer Sinne zu, dem Geruch.

Geruch, der über den Zaun kommt

Wir haben bereits erwähnt, dass wir unser Territorium auch mit Geruch markieren. Und zwar mit unserem Körpergeruch oder mit einem Parfum oder Rasierwasser, in das wir uns einhüllen. Je nach Intensität dominieren wir einen Raum mehr oder weniger damit. Oft bleibt der Duft auch noch im Raum hängen, wenn wir diesen schon lange verlassen haben.

Wie ist das mit Gerüchen, die vom Nachbarn zu uns dringen? Die Nachbarin kocht, und der Geruch von gerösteten Zwiebeln oder von Rindfleisch zieht durch die Fenster bis in unser Wohnzimmer. Vor allem im Sommer – oder generell in warmen Ländern, wo die Fenster normalerweise offen sind –, kann das unangenehm werden. Im positiven Fall pflegen wir eine gute Nachbarschaft und mögen das, was der Nachbar kocht. Vielleicht bekommen wir hin und wieder auch eine Kostprobe ab.

Im negativen Fall, wenn die Nachbarschaft weniger gut ist und der Nachbar nun etwas kocht, das wir gar nicht mögen, »stinkt es uns«, wenn der Kochdunst in unser Territorium dringt. Das kann, je nach Häufigkeit der Geruchsbelästigung, der Grund für einen Konflikt sein. Die Fenster zu schließen hilft nicht, der Geruch ist ja schon in unser Territorium eingedrungen und wird eine Zeit lang dort hängen bleiben.

Ähnlich ist es, wenn in Nachbars Garten gegrillt wird. Unvermeidlich beglückt der Geruch auch die Nachbargärten und macht uns Appetit. Oder der Grilldunst stört uns, weil wir etwas ganz anderes essen und der Duft von Holzkohle gerade nicht dazu passt. Weniger störend empfinden wir die Essensdüfte, wenn der Nachbar uns einlädt mitzuessen. Dann haben wir plötzlich ein gemeinsames Territorium, und der Duft von Gegrilltem passt wunderbar dazu.

Für die Gastronomie gibt es – eben nicht ganz grundlos – Gesetze und Verordnungen, die genau definieren, wie Dunstabzüge und Filter einzubauen sind, um die Nachbarn so wenig wie möglich zu stören.

Eine weitere Quelle für geruchsterritoriale Beeinträchtigungen sind Raucher. Lassen wir hier einmal die Gesundheitsfrage außer Acht: Niemand will heutzutage ungefragt Mitraucher sein. Wir haben schon geklärt, dass das Treppenhaus ein Platz ist, den wir im Mietshaus mit den anderen teilen. Das Treppenhaus ist unser gemeinsames Territorium, um »Bassenatratsch« zu pflegen – das sagen wir in Österreich, wenn wir Neuigkeiten austauschen. Aber dieser gemeinsame Raum hat auch das Potenzial, zu einem Konfliktherd zu werden. So, wie es uns stört, wenn jemand dieses Territorium für sich in Besitz nimmt und Dinge herumstehen lässt oder ungefragt Bilder aufhängt, so stört uns auch ein Geruch, den jemand hier erzeugt: zum Beispiel Zigarettenrauch. Wenn Raucher im Treppenhaus stehen, an ihrer Zigarette ziehen und mit jemandem plaudern, bemerken sie nicht, dass der Rauch sich im Raum intensiv ausbreitet. Er beherrscht rasch vom Keller bis zum Dachboden das gesamte Treppenhaus. Kommen andere Bewohner nach Hause oder verlassen ihre Wohnung, müssen sie erst einmal durch die Markierung der Raucher hindurch, um zu ihrer Wohnung oder nach draußen zu kommen. Und sobald sie die Wohnungstüre öffnen, besteht natürlich die Gefahr, dass der Zigarettenrauch auch in ihre Wohnung zieht. Wir empfinden das als Angriff auf unser Territorium. Das Rauchen im Treppenhaus ist im Regelfall mittlerweile untersagt, aber es gibt noch andere Orte im Mietshaus, wo Zigarettenrauch störend werden kann: der Balkon, die Terrasse oder die Toilette mit Lüftungsschacht. Von diesen Orten aus kann der Rauch in unser Territorium ziehen.

Teil II
Die geistige Welt

Bevor wir uns eingehend mit der geistigen Welt und deren Territorien beschäftigen, möchte ich für ein besseres Verständnis an dieser Stelle noch einmal kurz die Frage klären: Macht es für uns einen Unterschied, ob wir uns in der realen oder in der geistigen Welt befinden?

Zuerst einmal nehmen wir die materielle Welt *an uns* selbst und *um uns* herum wahr: Damit meine ich unseren eigenen Körper und unsere Umwelt. Für diese Wahrnehmung nutzen wir unsere Sinnesorgane – Augen, Nase, Ohren und so weiter. Jedes Sinnesorgan macht die Gegenstände auf andere Art und Weise erfahrbar. Wir sehen mit den Augen äußere Formen und Farben; mit der Nase nehmen wir Geruch wahr; durch das Berühren von etwas mit unseren Händen ertasten wir Beschaffenheiten von Oberflächen wie Glätte, Rauheit oder Weichheit; und wenn wir etwas in die Hände nehmen, erfahren wir auch, ob es schwer oder leicht ist; wir nehmen etwas in den Mund und kosten, ob es vielleicht süß oder sauer ist. Unsere Sinnesorgane registrieren, dass etwas auf sie einwirkt, und leiten die Informationen zum Gehirn weiter. Dort fließen die verschiedenen Informationen aus unseren Sinnesorganen zusammen. Das Gehirn »baut« aus diesen Informationen *und* auf der Grundlage unserer Erfahrungen den Gegenstand sowie seine Eigenschaften. Die Sinnesorgane registrieren selbstverständlich auch Veränderungen und leiten sie zum Gehirn weiter. Es kategorisiert die Informationen, etikettiert die Ergebnisse und speichert sie ab. Unser Gehirn versteht zum Beispiel: Eine Zitrone ist gelb und sauer. Das heißt, mehrere Sinnesorgane wirken zusammen, um die Erfahrung »gelb« und »sauer« im Gehirn abzuspeichern – in diesem Beispiel die Augen und der Geschmackssinn.

Manchmal nimmt ein einziges Sinnesorgan etwas wahr, etwa einen Duft, manchmal wirken mehrere Sinnesorgane zusammen. Die erlebten Sinnesempfindungen werden im Gehirn gespeichert und bilden unseren Erfahrungsschatz. Wir lernen, ob das Erlebte für uns angenehm oder unangenehm ist. Die Zitrone ist sauer, unser Mund zieht sich zusammen, wenn wir von ihr kosten, und wir lernen, dass das unangenehm ist.

Für den Körper existieren Dinge nur dann, wenn sie eine Wirkung auf uns beziehungsweise auf unsere Sinnesorgane haben. Einen Ton, der höher ist als die Frequenzen, die unser Ohr wahrnehmen kann, registrieren wir zum Beispiel nicht. Hunde können Töne höherer Frequenzen hören als das menschliche Ohr. Manchmal wundert sich ein Hundebesitzer daher, wenn sein Hund scheinbar grundlos verrücktspielt. Der Hundehalter kann nicht wahrnehmen, warum das Tier so reagiert. Er kann das Geräusch einfach nicht hören. Umgekehrt versteht der Hund wohl nicht, warum sein Herrchen – oder Frauchen – so ruhig bleiben kann bei diesem Ton.

Passend dazu stelle ich Ihnen die Frage: Gibt es ein »Bumm«, wenn ein Baum auf einer einsamen Insel umfällt? Gibt es also ein Geräusch, auch wenn kein Ohr da ist, das es hören kann?

Und eine weitere Frage: Wenn Sie das Radio aufdrehen, hören Sie Musik oder den Radiosprecher. Wie funktioniert das eigentlich? Im Radiogerät sitzen ja keine Miniaturmenschen. Das Radiogerät empfängt elektromagnetische Wellen, wandelt sie in elektrische Signale um, verstärkt sie in einem Lautsprecher, und unsere Ohren können die akustischen Signale wahrnehmen. So wird der Klang produziert, den wir hören. Das heißt, das Gerät ist nur ein Übersetzer, eine Art Vermittler. Solange die elektromagnetischen Wellen keine Wirkung auf uns haben – sie also nicht hörbar gemacht werden –, existieren sie für uns nicht.

Sobald aber etwas auf unsere Sinne einwirkt, existiert es auch für uns. In unserer Welt nehmen wir nur Dinge wahr, die auf uns einwirken, aber auch solche, auf die wir einwirken. Wir können also eine Veränderung bei uns (wir schmecken die saure Zitrone) oder bei jemand anderem (das Baby strahlt, weil es die Mutter sieht) erkennen. Das nennen wir Realität, besser vielleicht Wirklichkeit – da ist die Wirkung schon im Wort enthalten. Jede Wirkung ist mit einer kleinen Veränderung verbunden. Es wird wärmer oder kälter, die Farbe oder die Form wechselt, etwas tut mehr oder weniger weh, etwas schmeckt süß oder sauer. Umgekehrt können auch wir auf etwas einwirken, weil es für uns existiert.

Dass physische Dinge auf uns einwirken, scheint noch leicht verständlich zu sein. Mir fällt ein Stein auf die große Zehe, und es tut weh. Ich esse einen Apfelstrudel, und er schmeckt hervorragend und erinnert mich gleichzeitig an meine Oma. Wirken wirklich nur physische Sachen auf uns? Wie ist das mit immateriellen, geistigen Dingen? Haben nicht auch sie eine Wirkung?

Werfen wir einen Blick in unsere Gehirnwindungen. Unser Gehirn ist eine Speicherplatte mit sehr hoher Kapazität. Es verfügt über ein großes Arsenal an Wissen und Erfahrungen. Es vergleicht ihm bekannte Wirkungen miteinander und liefert uns Bilder, Erlebnisse und Gefühle, die daran gebunden sind. Diese Informationen sind für uns nicht permanent präsent, wir würden nämlich verrückt werden, wenn ständig Tausende Gedanken in unserem Kopf herumschwirren würden. Diese gespeicherten Informationen sind aber jederzeit abrufbar, sobald wir einen Impuls erhalten. Es reicht schon aus, nur an eine bestimmte Situation zu denken. Dann vollzieht sich diese Situation vor unserem geistigen Auge, als ob sie real wäre. Es ist so, als ob jemand einen Knopf drücken und damit einen Prozess auslösen würde. Etwas existiert also in uns, weil es auf uns wirkt. Ob diese Wirklichkeit eine physische oder nur eine geistige Gestalt hat, spielt für unser Gehirn und für unseren Körper keine Rolle. Die deutsche Sprache bezeichnet etwas mit dem Wort *Wirklichkeit*, weil es *wirkt*.

Nehmen wir als Beispiel einmal das Gefühl der Angst. Angst zu haben, ist eine Erfahrung, die in unserem Gehirn gespeichert ist. Irgendwann haben wir die Information darüber, was uns Angst macht, im Gehirn abgespeichert. Aktivieren wir sie mit unseren Gedanken – und das muss nicht einmal eine aktuell vorhandene, also eine physische Gefahr sein, es reicht schon, nur an eine Angstsituation zu denken –, so stimuliert sie in unserem Körper alle Reaktionen, die für das Programm »Angst« gespeichert sind. Das Herz pumpt das Blut schneller in die Beine, und wir nehmen das Herzklopfen wahr, unsere Schweißdrüsen laufen auf Hochtouren und vielleicht zuckt unser Körper auch zusammen. Unabhängig davon, ob uns tatsächlich etwas bedroht, es wird Teil *unserer* Wirklichkeit, egal, ob es real oder nur in unseren Gedanken existiert. Das macht hier keinen Unterschied.

Bleiben wir bei der oben erwähnten Zitrone. Stellen Sie sich bitte einmal vor, Sie hätten eine Spalte der Zitrone im Mund und würden Ihr Gesicht im Spiegel beobachten. Was nehmen Sie wahr? Ihr Gesicht verzieht sich so, als ob Sie gerade tatsächlich eine Zitrone im Mund hätten. Allein der Gedanke daran, dass sie unangenehm sauer ist, reicht aus, um diese Reaktion Ihres Körpers beziehungsweise Gesichts auszulösen.

Ein anders Beispiel: das Wegschieben von etwas nicht real Vorhandenem. Sie haben sicher auch schon einmal einen Gedanken mit einer Handbewegung vor der Nase weggewischt, obwohl da gar nichts war. Wir denken an etwas, das wir nicht mögen, und wischen es weg, obwohl es physisch nicht da ist.

Unser Gehirn unterscheidet also nicht zwischen der realen, der physischen Welt und der anderen, viel größeren Wirklichkeit, der geistigen Welt. Wir erleben beide durch unsere Körperreaktionen und geben beiden Welten damit eine Gestalt.

Unser inneres Territorium

Beschäftigen wir uns jetzt wieder ein wenig mit uns selbst, mit unserem Innenleben. Wir haben schon gesagt, dass der Körper eine Außenseite – wie Haut, Haare und so weiter – und eine Innenseite – wie Herz, Niere und so weiter hat. Das innere Territorium umfasst aber auch den Bereich unserer Seele, unserer Gefühle und unserer Empfindungen. Dieser Bereich ist sehr intim und daher besonders schützenswert. Wir wollen nicht, dass andere, und schon gar nicht Fremde, einen Einblick in dieses innerste Territorium bekommen. Nur sehr engen und vertrauten Personen gewähren wir einen Blick dorthinein. Wir sind in dem Bereich sehr sensibel und reagieren oft sehr streng gegen das Eindringen in unser inneres Leben, in unsere Seele, in unser Gefühlsleben. Fragen können zum Beispiel als Eindringen in unsere innere Welt empfunden werden, vor allem peinliche oder indiskrete Fragen. Wir wollen das, was wir als inneres Territorium empfinden, für uns allein behalten und nicht mit anderen teilen, beziehungsweise wollen wir nur das preisgeben, wozu wir bereit sind.

Schlimm ist es, wenn jemand von unseren innersten, intimsten Gedanken und Träumen erfährt, ohne dass wir es wollen. Noch schlimmer ist es dann, wenn dieser Jemand die Kenntnis missbraucht und dieses Wissen in die Öffentlichkeit bringt – etwa in den sozialen Medien oder indem er anderen Leuten davon erzählt. Damit wird die Zahl der Personen, die plötzlich in unser privates Territorium eindringen, um ein Vielfaches größer. Eine große Anzahl von Menschen, die wir oft nicht einmal persönlich kennen, erobert unser innerstes Territorium – kein angenehmes Gefühl.

Die sozialen Medien sind heute sehr populär: Facebook, Instagram und Co. gewähren teilweise sehr intime Einblicke in unsere innerste Welt. Solange wir unsere Geschichten selbst veröffentlichen, ist das in Ordnung. Wir vergrößern bewusst den Kreis derer, die wir in unser Territorium einlassen, wir laden sie virtuell zu uns ein. Wir bekommen so auch das Gefühl, zu einer größeren Gruppe zu gehören, und vielleicht erhalten wir von diesen Followern viele Likes, also Anerkennung. Das kann uns ein Gefühl von Sicherheit vermitteln, ein Gefühl von Wichtigkeit geben. Dass wir in den sozialen Medien aktiv sind, gibt aber noch lange niemandem das Recht, über uns private Daten zu veröffentlichen, die wir nicht autorisiert haben. Das ist eine tiefe territoriale Verletzung. In die Intimsphäre eines Menschen einzudringen, ist eine klare Grenzverletzung; sie verursacht eine seelische Wunde. Oft hat diese Verletzung eine aggressive Reaktion zur Folge. Und in besonders schlimmen Fällen kann diese territoriale Verletzung auch gesetzlich bestraft werden.

Wir haben oben über die »Spionage« des Nachbarn gesprochen, der uns, verdeckt durch die Gardine, beobachtet. Im Zeitalter der Digitalisierung weitet sich diese »Spionage« in neue Bereiche aus. Hört jemand zum Beispiel ein Telefongespräch mit, liest unsere E-Mails oder hackt unsere Daten, so ist das ein Eindringen in unser Territorium. In totalitären Regimen ist es an der Tagesordnung, das Territorium der Bürger auf diese Art und Weise permanent zu stören und massiv zu verletzen. Drängt sich die Staatsführung so in private Bereiche ein, nimmt sie ihren Bürgern das Recht auf ein eigenes Territorium. Der einzelne Bürger wird zu einem Niemand, zur Person ohne Rechte. Man nimmt ihr die Selbstsicherheit und das Selbstwertgefühl. Sie hat plötzlich kein Recht mehr, ihr eigenes Territorium zu definieren, abzugrenzen und zu verteidigen.

Glücklicherweise leben wir nicht in einer Diktatur. Aber gibt es in unserer Kultur, unserer Gesellschaft auch eine – wenn auch bei Weitem nicht vergleichbare – Zensur, eine Kontrolle, was jemand macht in den sozialen Medien?

In Familien kann es dazu kommen, dass Eltern ihre Kinder oder Teenager kontrollieren wollen. Viele Eltern möchten ganz genau wissen, was ihre Kinder machen, und verlangen viel zu oft Berichte darüber. Dieses Verhalten drückt nicht nur ein klares Misstrauen aus, sondern bedeutet auch ein Eindringen in das Territorium der Kinder. Ich bin selbst Vater und kenne die Sorgen und Bedürfnisse des Nachwuchses. Wir sollten den Kindern eine gewisse Privatsphäre gewähren und nur, wenn es aus Gründen der Sicherheit absolut notwendig ist, in ihr inneres Territorium vordringen.

Worte, Begriffe und Codes

Wir haben schon festgestellt, dass unser Gehirn eine große Speicherplatte ist. Das heißt, wir können uns an Dinge erinnern, die wir einmal erlebt haben. Diese Erinnerungen existieren aber nur für uns allein, in unserem Kopf. Jemand anderes kennt sie nicht und weiß davon nichts. Ohne irgendein Kommunikationsmittel können wir diese Erinnerungen auch niemandem mitteilen. Wie sollen wir eine Erinnerung, ein Gefühl, etwas, das real gar nicht existiert, einem anderen Menschen erklären? Da es nicht physisch vorhanden ist, können wir nicht einfach mit dem Finger darauf zeigen. Körpersprache oder Mimik funktionieren hier nicht, weil sie nur das hier und jetzt Vorhandene, nicht aber Erinnerungen aus der Vergangenheit sichtbar machen können.

Wir müssen durch Laute, also etwa durch die gesprochene Sprache, oder mit ähnlichen Mitteln die gleichen

Empfindungen beim anderen wecken, die wir selbst haben, wenn wir an etwas Bestimmtes denken, wenn wir uns an etwas erinnern.

Da fällt mir ein: Schon im Alten Testament gibt es dazu eine interessante Geschichte. Die erste Aufgabe, die Gott Adam gegeben hat, war, alle Tiere zu benennen, die er ihm zeigte. Adam sollte also jedem Lebewesen einen Namen zuordnen, mit dem ganze Tierarten fortan benannt werden sollten. Die Namen unterscheiden die eine Tierart von der anderen, grenzen sie also voneinander ab. Vielleicht wird in dieser Geschichte erstmals Sprache als Kommunikationsmittel erwähnt, das im geistigen Territorium funktioniert.

Einem Tier oder Ding einen Namen zu geben, heißt, einen Code festzulegen. Weil wir uns mit diesem Code verständigen wollen, erfordert er eine Abmachung mit anderen, damit alle wissen, was gemeint ist. Wir müssen dieselben Dinge mit dem Code meinen, dieselbe Sprache sprechen, damit die Kommunikation funktioniert. Wenn wir den Code verwenden, also etwa ein Ding beim Namen nennen, den wir ihm gegeben haben, ruft der Name/der Code eine ganz bestimmte Information in unserem Gehirn ab. Unser Gehirn liefert uns dann sofort damit verbundene Bilder, Ereignisse oder Gefühle. Es grenzt sie von anderen Erinnerungen ab. Mit Namen definieren wir Dinge. Definition kommt von lateinisch »definitio«, also Bestimmung, und »finis«, also Grenze. Die Definition unterscheidet ein Ding von einem anderen.

Ein Wort ist abstrakt, es ruft eine Information in unserem Gehirn ab. Wir können uns etwas bildlich vorstellen, aber nicht physisch erfahren. Denken Sie mal an das Wort »Stuhl«. Das Gehirn liefert Ihnen zwar das Bild von einem Stuhl, aber darauf sitzen können Sie nicht. Sie haben also das Bild im Kopf, aber der Stuhl ist nicht wirklich da.

Oder stellen Sie sich vor, Sie sitzen an einem gedeckten Tisch, in der Mitte ein Teller, links eine Gabel, rechts ein Zettel mit dem Wort »Messer«. Sie können sich das Messer vorstellen und haben ein Bild davon im Kopf, aber mit dem Steak-Schneiden wird das so nichts. Es ist nicht meine Absicht, mich an dieser Stelle über die Entwicklung der Sprache, der Zeichen oder der verschiedenen Arten von Kommunikation zwischen Menschen auszulassen. Sprachwissenschaftler und andere Experten haben das hinreichend erforscht und dazu sehr viel veröffentlicht. Ich möchte das Thema hier nur so weit beleuchten, wie es im Zusammenhang mit Territorium interessant für uns ist.

Eine Bezeichnung, ein Wort oder ein Code, hat eine Form, einen Inhalt, sagt etwas aus, auch wenn sich das Ganze nur in unserem Gehirn abspielt, selbst wenn wir nur ein bestimmtes Wort *denken*. Wir haben sofort ein Ding vor unserem geistigen Auge, auch wenn das Bezeichnete physisch gar nicht vorhanden ist.

Galileo Galilei hat reale Existenz so beschrieben: Es existiert nur, was ich entweder messen oder wiegen kann. Umgekehrt gilt: Was ich nicht messen und nicht wiegen kann, existiert nicht. Aber Menschen sind ziemlich schlau. Sie haben für geistige Dinge einfach Adjektive erfunden, die diese Dinge als messbar oder wägbar beschreiben, und haben ihnen so eine Existenz gegeben. Was meine ich damit? Anhand von Beispielen wird Ihnen das sicher klar. Wir sprechen von einer »schweren« Verhandlung. Wie viele Kilo wiegt die Verhandlung? Wir verwenden das Adjektiv »schwer«, ohne daran zu denken, dass es sich um eine »geliehene« Bedeutung für ein Wort handelt. Grundsätzlich bezeichnet »schwer« etwas, das viel wiegt, das Gewicht hat. Aber wir nutzen das Adjektiv auch für Dinge, die nicht in Kilogramm messbar sind. Dadurch geben wir ihnen eine Existenz, in unserem Beispiel eben ein »Gewicht«. Wir sprechen von »leichten« und »schweren« Gesprächen. Es gibt sogar Gespräche, die für uns »sehr belastend« sind. Das heißt, wir geben einem persönlichen Austausch, einem sozialen Geschehen, ein »Gewicht«. Wir sagen auch, dass eine wichtige Person »Verantwortung trägt«, aber niemand fragt, wie sie Verantwortung trägt – in der Hand? Auf dem Rücken? Auf dem Kopf? In dem Moment, in dem wir davon sprechen, dass jemand Verantwortung, Schuld oder andere Dinge geistiger Natur trägt, geben wir diesem seelischen »Gepäck« eine reale Existenz.

All diese Spielregeln, diese Abmachungen, die wir treffen, um uns leichter mitteilen zu können und andere zu verstehen, existieren nur in unserem Gehirn. Nehmen wir uns noch ein anderes Beispiel vor: Gerechtigkeit. Der Begriff Gerechtigkeit ist nicht objektiv definiert. Jeder versteht darunter etwas anderes, der Begriff wird subjektiv verstanden. Trotzdem haben wir ein Allgemeinverständnis von Gerechtigkeit. Wir erlassen Gesetze und schützen sie. Damit geben wir der Gerechtigkeit eine Grenze, ein Territorium, das eben durch Gesetze markiert ist und verteidigt wird. Obwohl es sich hier um einen geistigen Raum handelt, verteidigen wir dieses Territorium. Wir kämpfen für die Gesetze, die wir als gerecht für unsere Lebensart und für unsere soziale und/oder politisch abgegrenzte Gemeinschaft begreifen.

Neben dem Allgemeinverständnis von Gerechtigkeit gibt es auch ein subjektives Gerechtigkeitsgefühl. Menschen, die sich beispielsweise außerhalb vereinbarter Gesetze bewegen, haben ein anderes Gefühl von Gerechtigkeit als alle anderen. Vor nicht allzu langer Zeit stand Homosexualität in den westlichen Ländern unter Strafe – leider in vielen Ländern der Erde auch heute noch. Natürlich empfinden Homosexuelle und viele andere Menschen, die nicht heterosexuell sind, es als ungerecht, wenn Gesetze in ihrem Land ihre sexuelle Orientierung verbieten. Wir nehmen Gegensätze wahr: Was die einen als gerecht empfinden, wo sie Grenzen setzen, erscheint anderen in einer anderen Welt ungerecht. Das führt zu Kämpfen um innere territoriale Grenzen. Wir versuchen, diese inneren Grenzen vor den Menschen zu schützen, die ein anderes Gerechtigkeitsempfinden haben. Geben wir unsere subjektiv gesetzten Grenzen aber auf und akzeptieren die Regeln und Gesetze, die in dem Lebensraum vereinbart wurden, in dem wir uns aktuell bewegen, verzichten wir in diesem Moment auf unser Ich zugunsten eines Wir. Wir bekennen uns zum Wir und schützen unser Territorium – unser inneres Territorium und das unserer Gemeinschaft.

Sprache als Territorium

Die Bedeutung der gesprochenen Sprache für die Menschheit haben wir schon erörtert. Als Kommunikationsmittel ermöglicht sie uns, unsere Gedanken, unsere Gefühle, die

Beschreibung von komplexen Ereignissen anderen Menschen zu vermitteln, selbst wenn diese Menschen nicht anwesend sind. Durch die Sprache können wir uns verständlich machen, ohne dass wir die materiellen, physischen Dinge real sehen müssen. So können wir auch über die Vergangenheit sprechen, über die Zukunft, über Pläne und Dinge, die im Jetzt nicht vorhanden sind – alles auf einer geistigen Ebene.

Es ist interessant, dass die Sprache entstanden ist, weil Menschen miteinander kommunizieren wollten. Aber gleichzeitig kann die Sprache auch trennen – vor allem dann, wenn zwei Personen nicht die gleiche Sprache sprechen.

Dazu wieder eine kurze Geschichte aus dem Alten Testament, und zwar über den Turmbau zu Babel: Die Menschen wollten einen Turm bauen, der bis zum Himmel reichen sollte. Gott hat das aber gar nicht gefallen. Daher hat er kurzerhand die Kommunikation zwischen den Menschen gestört. Er hat die Sprache der Menschen so durcheinandergebracht, dass sie einander nicht mehr verstehen und nicht weiterbauen konnten.

Die gemeinsame Sprache schafft ein funktionierendes Netz der Kommunikation, das unserer Gemeinschaft Kraft gibt. Unterschiedliche Sprachen unterteilen Menschen in verschiedene Gruppen und grenzen die Menschen damit voneinander ab. Die Abgrenzungen markieren territoriale Gebiete: Länder oder Staaten unterscheiden sich nicht nur durch physische Grenzen, sondern auch durch Sprachgrenzen. Italiener verstehen Franzosen nicht, und beide verstehen Norweger nicht, weil sie eine andere Sprache sprechen. Durch das Erlernen von Fremdsprachen können wir unser Territorium erweitern. Doch wir werden eine Sprache, die wir neu erlernen, nie so gut sprechen wie unsere Muttersprache, wie wir gleich sehen werden. Die Zugehörigkeit zu einem Land und seiner Kultur hängt unter anderem von der Sprache ab. Aber eine andere Sprache zu lernen, reicht noch nicht aus. Die Muttersprache, die wir von frühester Kindheit an hören, eignen wir uns über verschiedene Sinneskanäle an. Wir erlernen nicht die Worte, die Bezeichnungen für Dinge allein, sondern wir entwickeln gleichzeitig eine emotionale Bindung zum Inhalt, zur Bedeutung des Gesagten. Das geschieht nicht zuletzt auch durch die Sprachmelodie, den Sprachklang, der unser Sprachzentrum schon prägt, wenn wir noch Säuglinge sind, und den wir mit emotionalen Erlebnissen verbinden. Wir unterscheiden also zwischen der Muttersprache und anderen erlernten Sprachen. Wächst ein Kind zweisprachig auf, entwickelt es die emotionale Bindung in beiden Sprachen.

Die Emotionen, die wir mit Wörtern aus zwei Sprachen verbinden, die dasselbe bedeuten, müssen übrigens nicht identisch sein. Wir wissen, wie leicht es ist, Schimpfwörter – Kindern sagt man, es seien »böse« Wörter – in einer Fremdsprache auszusprechen, weil wir keine emotionale Bindung dazu haben. Bei der Verwendung des muttersprachlichen Worts mit derselben Bedeutung sind wir gehemmt, weil wir eine emotionale Bindung zu dem Wort haben.

Sprachen sind nicht nur durch Staatsgrenzen voneinander getrennt, sondern auch einerseits durch regionale, landschaftliche und andererseits durch soziale Unterschiede. Wie jemand spricht, verrät oft, aus welcher Ecke des Landes er kommt. An seiner Wortwahl, seiner Satzmelodie und der individuellen Aussprache – an seinem Dialekt – erkennen wir sofort, aus welchem Landesteil oder sogar aus welchem Ort oder Tal jemand stammt. Unterschiedliche Sprachfärbungen von einem Tal zum anderen kennzeichnen verschiedene Gemeinschaften. Man weiß gleich: Der oder die gehört »zu uns« oder eben nicht, weil er oder sie »eine andere Sprache« spricht, weil er oder sie aus einem anderen Ort oder Tal kommt. Dialekte geben aber nicht nur den Ort preis, aus dem jemand kommt, sie können auch etwas über die Lebensgemeinschaft, über die soziale Zugehörigkeit verraten.

Ein Dialekt und die Art und Weise, wie jemand spricht, haben eine bestimmte Wirkung auf uns. Wir haben im Kapitel über das Denken schon über solche Wirkungen gesprochen. Neben der Wortwahl und Satzmelodie ist auch der Rhythmus der Sprache ausschlaggebend. Ein anderer Sprachrhythmus geht mit einem anderen Verhalten einher, mit einem anderen Bewegungsablauf. Es ist ein Unterschied, ob jemand schnell spricht oder die einzelnen Worte dehnt. Ob jemand ein wienerisch langes »Na geeeh« von sich gibt oder ein norddeutsches »Zack, zack!«, ist ein großer Unterschied. Ersteres vermittelt Gemütlichkeit, das Zweite eher Schnelligkeit oder Hektik. Die Mentalität, die Bewegung, der gesamte Rhythmus innerhalb einer Sprachgruppe ist oft mit der Art verbunden, wie die Mitglieder sprechen. Menschen, die den gleichen Dialekt sprechen, verstehen einander leichter, und das nicht nur, weil sie den Dialekt verstehen, sondern auch, weil ihr Lebensrhythmus ähnlich ist. Sie bewegen sich sozusagen auf der gleichen Wellenlänge. Ein Schwabe mit seiner schweren, gedehnten Sprache atmet anders als ein Norddeutscher. Die schwedische Sprache klingt im Vergleich zur melodischen französischen Sprache eher hart und abgehackt. Es geht hier nicht um die Qualität von Sprachen (Hochsprache und so weiter), sondern nur um Rhythmus und Melodie.

Eine kleine Gruppe, die ein gemeinsames Territorium teilt, grenzt sich von anderen Gruppen auch durch die Sprache ab. Akademiker etwa haben ihre eigene Sprache, verwenden eigene Begriffe oder Fremdwörter und erkennen sich damit untereinander. Zum Beispiel sagen sie »kognitiv« statt »bewusst« oder »Zerebrum« statt »Großhirn«. Priester haben sich früher vom normalen Volk unterschieden – genauso wie Ärzte –, weil sie Latein gesprochen haben, eine Sprache, die das einfache Volk nicht verstanden hat.

Hierarchien und soziale Klassen manifestieren sich immer auch durch ihre Sprache. In Österreich zum Beispiel haben Adlige anders gesprochen als das normale Fußvolk. Das bekannte nasale Schönbrunner Deutsch galt als Kennzeichen der Hochwohlgeborenen in Österreich. Um sich von anderen Gesellschaftsschichten oder Gruppen zu unterscheiden, hat die Aristokratie im deutschsprachigen Raum oft ein französisches Kindermädchen eingestellt, damit die Kinder Französisch lernten – eine Sprache der Aristokratie. Sie konnten dann untereinander Französisch sprechen, was das einfache Volk nicht konnte. Interessanterweise hat man umgekehrt in Frankreich ein deutsches Fräulein oder eine Gouvernante gewählt, damit die Kinder Deutsch lernten. Man wollte sich von der arbeitenden Klasse abheben und von ihrer auf der Straße gesprochenen Sprache.

Heute sprechen wir kein Latein oder Schönbrunner Deutsch mehr, und dennoch bilden verschiedene soziale Gruppen ihre eigene Art zu sprechen. IT-Mitarbeiter oder Nerds sprechen untereinander anders als Otto Normalverbraucher. Damit erkennen sie sofort, ob jemand zu ihrer Fachgruppe gehört oder nicht.

Die heutige Jugend kreiert ihren eigenen Slang, ihre eigene Art von Sprache: Abkürzungen und Worte, deren spezielle Bedeutung nur die Gruppe kennt, die sie verwendet. Sie erfinden auch neue Begriffe oder eine eigene Kurzsprache mit Buchstaben und Emojis, die nur ihre Gemeinschaft oder ihre Generation versteht. Zum Beispiel: 4U (for you, für dich), oder LOL (laugh out loud), BRB (be right back), G2G (got to go) und so weiter. Die Liste ließe sich noch lange fortführen. Interessant ist, dass die heutige Jugend ihre eigene Sprache so weit entwickelt hat, dass sie adäquate Begriffe ihrer Eltern nicht mehr versteht: Die Jugend »cheatet«, statt einen Seitensprung zu machen, sie »chillt«, statt sich zu erholen und so weiter.

Die Bedeutung der territorialen Markierung besteht darin zu unterscheiden, wer zu einer Gruppe gehört und wer außerhalb steht. Diejenigen, die außerhalb stehen, werden eher »verdächtig« erscheinen, sie werden vielleicht als potenziell fremd wahrgenommen.

Der Kampf um ein Gebiet oder ein Land und die Vorherrschaft desselben hatte immer auch etwas mit der Bedeutung einer Sprache zu tun, die dort gesprochen wird.

Als sich beispielsweise die lateinische Sprache verbreitete, dehnte sich auch die Herrschaft der Römer über verschiedene Stämme, Völker und deren Sitten aus.

Eine Zeit lang war Französisch die dominierende Sprache der Herrschenden in Europa, heute ist es eher das Englische. Die englische Sprache erobert mehr und mehr Raum in den Gebieten anderer Sprachen. Das Territorium der englischen Sprache weitet sich aus. Wir verwenden heute im deutschsprachigen Raum viele Wörter aus dem Englischen in der Alltagssprache. Wir sprechen schon von »Denglisch« als Modesprache. Früher war Latein die Sprache der Gebildeten, der Elite. Und in der Medizin werden auch heute immer noch lateinische Begriffe verwendet.

Mir ist einmal beim Arzt Folgendes passiert: Ich wollte meinen Befund verstehen und habe ihn gebeten, mir das Schriftstück zu erklären. Er hat gelächelt, mich angesehen und mich dann mit lateinischen Medizin-Fachbegriffen überschüttet. Ich habe ihn nur verständnislos angeschaut und gesagt: »Das verstehe ich nicht.« Darauf lächelte er und sagte: »Siehst du, deswegen musst du mir einfach vertrauen.«

Es gibt Sprachen, die imstande sind, Distanzen zu schaffen. »Sie« oder »du«, im Französischen »Vous« oder »tu«, stellen Nähe oder Distanz zwischen Menschen her. Wir zeigen damit, wer uns vertraut und wer uns fremd ist. Die Distanz ist mit Respekt verbunden. Wir sprechen einen Fremden mit »Sie« an und nicht mit dem vertrauten »Du«. In der frühen französischen Kultur, und auch in der deutschen, haben Kinder den Vater, das Oberhaupt der Familie, respektvoll immer mit »Sie« (»Vous«) angesprochen – niemals mit »du«. So hat sich Respekt, aber auch Distanz gebildet.

Respektspersonen brauchen mehr Raum. Wie wir hier sehen, stellen sie auch auf geistige Art eine Distanz zu anderen her: durch die Art der Anrede und damit durch eine »andere« Sprache.

Religion und politische Parteien

Schauen wir einmal, welche Bereiche geistigen Territoriums es noch gibt. Wer bestimmt über unser geistiges Territorium? Wo ist die Grenze? Wir sprechen übrigens auch von geistigem Eigentum, das wir schützen und das auch rechtlich Relevanz hat.

Machen wir wieder einen Sprung zurück in der Geschichte der Menschheit: Früher wie heute entsteht die Kultur einer Gruppe von Menschen durch Lebensverhältnisse, Ernährungsgewohnheiten, Lebensart, Sitten, Gebräuche, Rituale und Glaube. Die Art des Zusammenlebens definiert die Werte und Spielregeln, die typisch sind für diese Kultur und sie von anderen Kulturen abgrenzt. Fest definiert sind dabei stets die höchsten Gebote, die direkt von den Göttern kommen. Mit Göttern kann man nicht diskutieren, daher haben sie menschliche »Stellvertreter«, die im Namen der Götter sprechen und über Gut oder Böse entscheiden. Es entwickeln sich Religionen. Eine Religion bestimmt das geistige Leben ihrer Anhänger: Was darf man denken? Was darf man nicht denken? Alles, was die Mission der Religion gefährden kann, wird einfach zum

Tabu erklärt. So wurden – und werden noch heute – Verbote aufgestellt. Und so wurden Tabugrenzen überschritten und Übertretungen bestraft.

Zu bedenken ist, dass viele Tabuzonen, die im Laufe der Zeit entstanden sind, zum Wohl und zum Schutz der gesamten Gruppe oder der Gesellschaft geschaffen wurden. Zum Beispiel wurde Inzucht zu einem Tabu, um den gesunden Fortbestand der Gesellschaft zu sichern und Erbkrankheiten zu vermeiden.

Es gab auch eine Zeit, in der sich die Herrschenden zum eigenen Schutz für unangreifbar erklärten. Sie definierten sich selbst und ihre Macht gegenüber dem Volk als Tabuzone: Man durfte sie und ihren Besitz nicht berühren. Die Oberschicht war gottgleich unantastbar. Damit wurde auch der Besitz der herrschenden Familien geschützt – eine klare territoriale Grenze war gezogen.

Die herrschenden Familien und/oder die Priesterschaften der Weltreligionen haben nicht nur die geistige Welt beherrscht, sondern auch die weltliche Macht innegehabt. Sie waren politisch sehr einflussreich und gaben den Ton an. Ein Kampf zwischen den Oberhäuptern einer Religion und den Oberhäuptern einflussreicher Familien um die politische Macht war damit vorprogrammiert. Wer sollte regieren, der Priester oder der König? Der Priester salbte den König. Hatte er damit schon die Macht in Händen?

Der Kampf um die geistigen Territorien reichte weit. Da waren jene, die im Geiste offen waren, etwa Wissenschaftler, die ihre Thesen vertraten und sie gegenüber der Kirche und damit – in Zeiten der klerikalen Macht – auch gegen den Staat verteidigten. Dies galt als Ketzerei, und die Gelehrten wurden zu Feinden erklärt.

Ein gutes Beispiel ist Galileo Galilei. Er verteidigte bekanntermaßen die Auffassung Johannes Keplers von der Erde als eine sich um die Sonne drehende Kugel. Leider lebte Galilei in der falschen Zeit, denn was heute als wissenschaftlich bewiesen gilt, war damals nicht anerkannt. Die Erde galt als flach, man glaubte, sie sei eine Scheibe. Um sein Leben zu retten, musste der Universalgelehrte Galilei vor einem Tribunal zugeben, dass die Erde eine Scheibe sei. Der von ihm anschließend geflüsterte Satz »und sie dreht sich doch« ist Legende.

Wir wissen, dass viele moderne wissenschaftliche Gedanken zunächst blockiert wurden, weil sie eine Gefahr für das geistige Territorium einer religiösen Glaubensgemeinschaft waren. Da gab es ganz klare Grenzen: bis hierher und nicht weiter. Wer es wagte, den Glaubenssätzen zu widersprechen, wurde verurteilt. Es gab im Abendland einen langen Kampf zwischen Wissenschaft und Religion. Die Wissenschaft versuchte, die Grenzen der Überlieferung zu sprengen. Mit ihrer geistigen Offenheit wollte sie keine Begrenzung zulassen – denn nur mit geistiger Offenheit gibt es eine Entwicklung. Die Religion wollte an den Traditionen festhalten. Bücher- und Hexenverbrennungen – keine sehr ruhmreiche Episode unserer Geschichte – zeugen von diesem Kampf der Frei- und Querdenker, die über die Grenzen eines Territoriums hinausgehen wollten. Die Erweiterung des geistigen Territoriums wurde als Bedrohung angesehen. Auch heute können wir diese Abwehrhaltung gegen wissenschaftliche Erkenntnisse noch in manchen Religionsgemeinschaften beobachten.

Anders als physisches Territorium ist geistiges Territorium nicht so leicht zu erobern. Wir haben das am Beispiel Galilei gesehen. Die Erweiterung von Landesgrenzen durch Eroberungen gibt einer Gruppe mehr Raum, mehr Stärke und Macht. Die geistige Welt wird damit aber nicht automatisch miterobert. Solange die besiegte Gruppe ihre geistigen Inhalte, ihre Werte, Sitten und Rituale beibehält, werden sich deren Mitglieder nicht in das neue geistige Territorium der Eroberer integrieren. Sie bleiben Fremdkörper. Sie verhalten sich vielleicht zunächst still und zurückhaltend, aber sie lauern auf eine Chance, ihren Glauben, von dem sie noch immer überzeugt sind, durchzusetzen. Es bleibt also ein territoriales Gebiet bestehen, das durch Werte, Sitten und Rituale immer wieder markiert wird. Der Glaube an die Legitimität dieses unsichtbaren Gebiets, der Glaube schlechthin also, wird so zu einer gefährlichen, bedrohlichen Kraft, mit der Gebiete zurückerobert werden sollen. Weil diese Bedrohung vom Sieger erkannt wird, folgt auf die Eroberung des physischen Territoriums daher meist eine gewaltsame Unterdrückung der besiegten Gruppe. Die heiligen Stätten der besiegten Volksgruppe oder des besiegten Volkes werden zerstört. Auf den Ruinen von Tempeln, Synagogen, Moscheen oder Kirchen wurden – und werden noch heute – neue Kraftsymbole der Religion des Siegers errichtet. Die physische Zerstörung allein reichte nicht aus, halbe Sachen waren nicht gefragt. Die geistige Eroberung folgte auf den Fuß. Anstelle der Soldaten übernahmen dann Priester und Missionare das Kommando und vergrößerten ihr geistiges Territorium. Je mehr Gläubige auf ihrer Seite standen, desto stärker war die Front gegen Andersgläubige.

Wie wir schon aus vielen Asterix-Geschichten wissen, führt es zu Konflikten, wenn sich eine kleine Gruppe innerhalb einer größeren Gruppe deren Regeln und Glauben widersetzt. Auch in Gallien gab es ein kleines Dorf Andersdenkender, die sich nicht unterwerfen wollten.

Die Bestimmung des Alltags durch eine Religion ist ein tiefer Eingriff in das geistige Territorium jedes einzelnen Menschen. Im Regelfall wachsen wir von Geburt an in einer Religionsgemeinschaft auf. Wir nehmen – zumindest in unserer Kindheit und Jugend – an den von der Familie oder von Menschen im nahen Umfeld als selbstverständlich vorgelebten Riten teil und übernehmen die damit verbundenen Werte und Moralvorstellungen. Wir wachsen damit auf, und das Vorgelebte wird Teil unserer Welt, Teil unseres Denkens. Mit der Zeit kommt es uns so vor, als seien es unsere eigenen Gedanken und nicht die von unserer unmittelbaren Umgebung übernommenen. Werden wir gezwungen, eine neue Religion anzunehmen – etwa weil unser Territorium erobert wird –, kann uns das im Innersten zutiefst erschüttern. Unsere Weltanschauung wird angegriffen: Lebensart, Moral und Sitten verändern sich plötzlich durch die neue Religion. Was in der einen Glaubensgemeinschaft als sittsam galt, moralisch legitimiert war, wird plötzlich als unsittlich, als unmoralisch betrachtet. Dazu gibt es viele Beispiele aus der Geschichte, aber wir beobachten dieses Geschehen auch heute noch.

Eines möchte ich herausgreifen: Die westliche Moralvorstellung zum Thema Nacktheit. In vielen klimatisch gemäßigten Zonen Afrikas, in Südindien sowie in anderen warmen Flecken der Erde, wo noch Naturvölker leben, ist es teilweise noch heute Usus, dass Frauen und Männer ihren Oberkörper in der Öffentlichkeit unbedeckt lassen. In vielen eroberten Gebieten in Ländern der Erde haben Eroberer ihre religiösen Moralgesetze verkündet und diese Nacktheit verboten. Heute gibt es in diesen Ländern zum Teil wieder entblößte Körper in der Öffentlichkeit – als Touristenattraktion. Eingeborene stehen halb nackt vor ihren Hütten, bereit, sich fotografieren zu lassen, oder sie führen für die Touristen spärlich bekleidet traditionelle Tänze auf. Kaum sind die Urlauber wieder weg, ziehen sich die »Schauspieler« an und gehen ihren Alltagsbeschäftigungen nach. Ihre ursprünglichen Sitten und Traditionen sind dahin.

Ein kleines Erlebnis möchte ich in diesem Zusammenhang mit Ihnen teilen: In den Siebzigerjahren habe ich eine Gruppe voll bekleideter Afrikaner beobachtet, die mit großen Augen »eingeborene« Norddeutsche bestaunten, die nackt auf einem FKK-Strand an der Nordsee lagen. Tja, die Geschichte holt uns immer wieder ein.

Recht und Gerechtigkeit sind oft zwei verschiedene Dinge. Das Recht ist in Gesetzen und Verordnungen festgelegt, die Rechtsprechung orientiert sich am Gesetzeswortlaut, den sie interpretiert, und spricht danach Recht. Ist das immer gerecht? Aus unserer persönlichen Sicht werden wir »nein« sagen. Wir haben ja oben schon gesehen, dass Recht nicht immer als subjektiv gerecht empfunden wird. Gerechtigkeit ist etwas Emotionales und sehr individuell, je nachdem, welche Werte wir in unserem Territorium mitbekommen haben. Es kann passieren, dass wir in einem

Fall konträr zur Rechtsprechung empfinden. Das ist dann ein harter Kampf zwischen dem, was wir als gerecht empfinden, und dem, was das Gesetz nach Interpretation des Richters vorgibt. Mit dem Gefühl, ungerecht behandelt worden zu sein, bleiben wir dann oft im Regen stehen.

Die Gesetze, Richtlinien, Werte und Sitten, die eine Gruppe als legitim ansieht und für sich als Gruppenregeln definiert hat, spiegeln ihre Weltanschauung wider und zeigen ihre geistige Einstellung. Neben den Gesetzen eines Staates oder einer Gemeinschaft gibt es noch andere Regeln, die die Lebensart und das Zusammenleben einer Gruppe bestimmen können.

Gruppen, die einer bestimmten Religion anhängen, nehmen auch heute noch Einfluss auf die Gesellschaft. Jede Religionsgemeinschaft glaubt, dass ihre Weltanschauung die einzig richtige ist. Es werden Grenzen festgelegt, die klar darlegen, was erlaubt ist und was nicht. Jeden Eindringling, der versucht, den Glauben an diese Religion zu verletzen, empfindet die Gruppe als Feind. Deshalb wird oft der Ungläubige, der sich gar keiner Religion anschließt, als Feind bezeichnet. Er steht außerhalb des geistigen Territoriums und stellt damit die Rechtmäßigkeit der Religion infrage.

Mit dem Voranschreiten der Wissenschaft wurden Religionen mehr und mehr infrage gestellt. Andere soziale Konzepte oder Weltanschauungen sind entstanden und versuchen, den Platz der Religionen einzunehmen. In manchen kommunistischen Regimen wurden Religionen mit der Erklärung, sie seien »Sand im Auge des Proletariats«, verboten.

Machen wir nun einen Schritt von der Religion weg hin zur Politik. Die Welt ist geprägt von verschiedenen politischen Ideologien. Neue Ideen setzen sich nach wie vor durch politische Revolutionen oder Paradigmenwechsel durch. Das muss nicht immer ein Krieg oder ein Putsch sein. Das kann auch geschehen, wenn die Opposition durch demokratische Wahlen die Regierung übernimmt. Auch Politiker versuchen, ihr geistiges Territorium zu verteidigen und zu erweitern. Demokraten gegenüber Monarchen oder Diktatoren – oder umgekehrt, Diktatoren ersetzen demokratische Systeme durch totalitäre. Es sind immer geistige Territorien, um die hier gegeneinander gekämpft wird.

Eine politische Partei vertritt ihre individuelle Ideologie, legt Spielregeln und Grenzen fest, denen wir in unserem Gehirn, wie oben erläutert, eine Gestalt geben. Solange wir das territoriale Gedankengut unserer Partei für richtig und gut halten, werden wir es gegenüber anderen Parteien verteidigen. Passt es für uns nicht mehr, werden wir uns einer anderen Partei anschließen oder der Politik den Rücken zukehren. Alle Konflikte – egal ob politische oder religiöse – basieren auf dem Urprinzip, dem inneren Impuls, territoriale Grenzen zu schützen.

Diktatur und geistiges Territorium

Wie wir vielfach oben belegt haben, schützen und verteidigen wir unser geistiges Territorium. Für einen Diktator ist das natürlich ein Albtraum, denn er will seinen Untertanen eine bestimmte Art des Denkens vorschreiben, um seine Interessen leichter durchsetzen zu können. Widerstand und eigenständiges Denken kann er da gar nicht gebrauchen. Ein Diktator gibt vor, was die Menschen denken dürfen und was nicht. Das private geistige Territorium wird eingeschränkt oder ganz zurückgedrängt, und das Territorium des Machthabers wird über alle gestülpt.

Nicht umsonst will jede Diktatur zunächst einmal die Jugend und die Medien für sich gewinnen. Damit hat sie schon die wichtigsten Mitglieder auf ihrer Seite. Die anderen folgen dann wie von selbst. Was die Medien betrifft, scheint das klar zu sein, aber »Warum die Jugendlichen?«, werden Sie jetzt fragen. Wie ich bereits gesagt habe, leben wir unsere Kultur, unser geistiges Territorium von Geburt an – das sind die Wurzeln unseres Menschseins, unserer Seele. Bei jungen Menschen ist die Richtung ihres Denkens, ihre Weltanschauung, noch nicht sehr gefestigt. Einerseits ist das gut, weil sie noch nicht festgefahren und offen für Neues sind, andererseits sind sie leichter manipulierbar als Ältere. Eine Diktatur weiß dies natürlich zu nutzen. Ich brauche nicht zu erwähnen, dass die deutschen Nationalsozialisten – die selbst beschönigend und größenwahnsinnig vom »Dritten Reich« sprachen, das sie errichten wollten – genau so agiert haben. Zuerst grenzten sie eine Gruppe von Menschen als Feind, als Bedrohung der »arischen Rasse« territorial aus, dann brachten sie die Medien und die Jungen geistig-territorial auf eine Linie – und schließlich starteten sie eine Vernichtungsmaschinerie ohnegleichen.

Nicht viel anders war das bei Mao. Er versuchte, die gesamte alte chinesische Kultur zu zerstören, und diktierte dem Volk ein neues Regelwerk, *Worte des Vorsitzenden*

Mao Tse-tung, das auch als »Das kleine Rote Buch« oder »Mao-Bibel« bekannt wurde.

Der Kommunismus erklärte das kapitalistische Denksystem zum Feind. Das klingt diktatorisch, denn das geistige Territorium des Einzelnen wird damit stark begrenzt.

Gegen Diktatur und Manipulation hilft oft nur die Revolution, die Grenzen sprengt, Freiheit für das Volk ausruft und die Unabhängigkeit des Individuums betont und einfordert.

Demokratie ist eine Lebensart, und sie erweitert das Territorium, verschiebt Grenzen, was von der Mehrheit akzeptiert wird. Die Freiheit des Denkens und die Rechte des Individuums sind in einer Demokratie weit umfangreicher als in anderen politischen Systemen. Das individuelle Territorium hat viel mehr Raum als in diktatorischen Systemen. Allerdings bereitet es demokratisch gewählten Regierungen oft auch Probleme, die Vielfalt der territorialen Freiheiten innerhalb des gemeinsamen Territoriums Staat unter Kontrolle zu halten.

Viele von uns empfinden es als selbstverständlich, dass sie in ihrem demokratischen Staat denken können, was sie wollen, und frei leben können, wie sie es wollen.

Ist das wirklich bei allen so? Selbst Menschen, die nicht so streng an traditionellen, einengenden Denksystemen festhalten, fühlen sich merkwürdigerweise gerade durch die Freiheit, denken und tun zu können, was sie wollen, in ihren Lebensgewohnheiten bedroht. Wir Menschen brauchen bis zu einem gewissen Grad einen Rahmen für unseren Lebensalltag. Wir brauchen Grenzen, um uns daran zu orientieren. Wir fühlen uns so ganz ohne Grenzen verloren und orientierungslos. Das ist so, als lebten wir in einem leeren Raum. Der Ruf nach dem starken Mann, der »Ordnung schafft« und »Grenzen zieht«, lässt in Situationen, in denen eine solche Leere empfunden wird, meist nicht lange auf sich warten.

Kultur als Territorium

Heute ändert sich alles viel schneller als früher, unser Leben ist von einer immer schneller werdenden Veränderung von Technik und insbesondere von medizinischem Fortschritt geprägt. Sie »überholen« uns mehr und mehr. Damit ändert sich auch unsere Kultur immer rascher – besonders in der westlichen Welt.

Unsere Kultur ist in den letzten Jahren viel freier geworden. Kommen Menschen aus einem anderen, nicht so offenen kulturellen Umfeld in westliche Länder, um dort zu leben und zu arbeiten, ist das trotzdem nicht (immer) einfach. Und das hat überhaupt nichts mit Rassismus oder Ausländerfeindlichkeit zu tun. Treffen unterschiedliche Kulturen aufeinander, bringt das automatisch Spannungen mit sich. Die eher konservative Kultur will ihr altes, traditionelles System aufrechterhalten und fürchtet das Zerbrechen ihrer Moralvorstellungen und Sitten. Auf der Seite des Gastlandes fürchtet die freie, offene Kultur, in eine alte traditionelle Welt zurückzufallen, von der sie sich längst emanzipiert hat. Gesetze und Verordnungen sollen als neutrale, objektive Instanzen eine Balance zwischen den verschiedenen Kulturen bewahren und jeder Seite – in einem gewissen Rahmen – ihr geistiges Territorium erlauben, doch dies ist nicht leicht zu realisieren.

Moral, Sitten und Regeln des Zusammenlebens innerhalb der Gemeinschaft und Familie wurden früher von der Religionsgemeinschaft festgelegt. Heute regeln in den meisten Ländern der westlichen Welt die Gesetzesbücher des Staates das Zusammenleben. Doch es gibt auch heute noch Staaten, in denen Religion und politische Macht verschränkt sind. In diesen Ländern gelten viele religiöse Regeln gleichzeitig als politisch definierte Gesetze. Greifen wir ein Beispiel heraus: die Ehe.

Nach der muslimischen Scharia ist es erlaubt vier Frauen zu heiraten. Eine Erklärung dafür ist vielleicht, dass Frauen in dieser Kultur – wie wir schon zu Beginn des Buches festgestellt haben – immer noch als Besitz des Mannes gelten. In manchen afrikanischen Stammeskulturen ist es erlaubt, mehrere Frauen zu haben, solange der Mann jeder Frau eine eigene Hütte ermöglichen kann.

Anders ist das in der westlichen Welt bei Christen und Juden. Seit dem 8. Jahrhundert ist es Juden offiziell geboten, nur *eine* Frau zu heiraten. Im Christentum wurde die Einehe ebenfalls erst spät festgelegt. Heute ist sie in den westlichen Ländern gesetzlich festgeschrieben. Die Religion spielt hier keine Rolle mehr.

Einige Länder haben inzwischen sogar die Ehe zwischen gleichgeschlechtlichen Partnern erlaubt.

Im Laufe der Zeit sind manche ursprünglich religiösen Vorschriften Teil der Kultur einer Volksgemeinschaft geworden und haben Einzug in staatliche Gesetzesbücher und Verordnungen gehalten. Sitten und Bräuche verändern sich mit der Entfaltung und Entwicklung einer Gemeinschaft fortwährend – und damit ändern sich auch die zu schützenden geistigen Territorien.

Großfamilien sind heute in der westlichen Welt selten geworden. Damit ist es auch vorbei mit der Blutrache und anderen Formen der Selbstjustiz zur Verteidigung der Familie. Die Struktur von Großfamilien, in denen Eltern, mehrere Kinder, Großeltern, Unverheiratete und sonstige Anverwandte zusammenleben, füreinander sorgen und den Besitz der Großfamilie hüten und verteidigen, hat sich überlebt. Die Fürsorge älterer Mitmenschen, ihre Pflege und gegebenenfalls ihre medizinische Versorgung übernimmt mittlerweile der Staat – oft in Kooperation mit privaten Institutionen. Mit den politischen Systemen hat sich auch die Lebensart der Menschen verändert. Manche von uns akzeptieren diese Entwicklung als selbstverständlich. Andere fühlen sich nicht »aufgehoben« in der Gemeinschaft, fühlen sich vielleicht sogar bedroht. Sie fürchten um ihre Sitten, ihre Moral und um alles, was sonst noch zu ihrer Tradition gehört.

Es herrscht immer noch ein großer Kampf zwischen der traditionellen Ehe- und Familienstruktur und ganz neuen, erweiterten Formen des familiären Zusammenlebens: etwa der Patchworkfamilie, der offenen Beziehung oder anderen Formen der Gemeinschaft. »Meine und deine Kinder prügeln sich mit unseren Kindern« ist ein Satz, der heute nicht ungewöhnlich ist, aber noch zu Beginn des vorigen Jahrhunderts undenkbar war. Offene Ehen oder polyamore Beziehungen galten früher als eine der schlimmsten Sünden. Heute finden diese Lebensformen mehr und mehr Akzeptanz.

Diese Entwicklung zu einer offenen, liberalen Familienstruktur wurde maßgeblich durch die Erfindung der Antibabypille gefördert. Die Erfindung der hormonellen

Verhütung hat eine neue, sehr sichere Art der Familienplanung möglich gemacht – erstmals in der Menschheitsgeschichte leicht von Frauen zu steuern. Die Gefahr, unerwünscht schwanger zu werden oder uneheliche Kinder zu zeugen, hat sich damit drastisch reduziert. Frauen bestimmen zum ersten Mal allein, ob sie Kinder haben wollen oder nicht. Anfangs tat man sich schwer mit dieser neuen Möglichkeit, sie wurde besonders von der Kirche als unmoralisch diffamiert. Doch rasch änderte sich die Einstellung dazu auf breiter Basis, was auch als ganz logisch erscheint. Niemand wollte fremde oder unerwünschte Kinder in seiner Familie haben, die letztendlich auch erbberechtigt wären. Die Pille hat diese Gefahr gebannt und damit auch eine Welle der freien und offenen Liebe ausgelöst. Heute, im 21. Jahrhundert, verändert sich mit den oben beschriebenen liberalen Familienstrukturen noch viel mehr als damals. Nicht nur heterosexuelle Partnerschaften und Ehen, sondern auch gleichgeschlechtliche Partnerschaften oder Beziehungen mit Transsexuellen sind erlaubt und weitgehend auch moralisch akzeptiert. In vielen Ländern ist es solchen Paaren auch möglich, Kinder zu haben. Die Grenzen der Moral verschieben sich, die geistigen Territorien dehnen sich also aus, auch wenn es in manchen Kulturen immer noch als unmoralisch oder unsittlich gilt, einen gleichgeschlechtlichen Menschen zu begehren. Noch immer wird dies mancherorts sogar mit dem Tod bestraft.

Geistige Territorien beziehungsweise ihre Vertreter kämpfen gegeneinander, und das wird auch künftig in der Entwicklung der Menschheit so sein. Die Liberalisierung von Lebensformen, die heute mehr und mehr die Richtung vorgibt, ist nicht zu bremsen. Dennoch empfinden manche Menschen diese Offenheit als Bedrohung: Mit zu viel Offenheit und Lockerungen von Regeln und Sitten verlieren wir Menschen die Orientierung. Das ist die Kehrseite der Medaille – je mehr Grenzen verschoben und geistige Gebiete erweitert werden, desto stärker sind Eigenverantwortung und Selbstbestimmung des Einzelnen gefordert. Verschwimmen Grenzen plötzlich, verlieren wir den Schutz des Territoriums. Die Institution Ehe zum Beispiel existiert immer noch und erlebt immer wieder einen neuen Aufschwung. Dennoch ist sie heute durch ein offenes, liberales Denken mehr denn je bedroht. Die Ehe an sich ist ein Territorium, in dem wir uns geschützt in Sicherheit wiegen. Sobald es mehr Offenheit gibt, mehrere Partner miteinander und nebeneinander leben, wanken die schützenden Grenzen. Heute wird selbst die traditionelle Struktur durchbrochen, dass nur Vater und Mutter Eltern sein können. Nun können auch, wie bereits erwähnt, Vater und Vater oder Mutter und Mutter Eltern sein. Unser Territorium des Zusammenlebens verändert sich. Die Veränderung des Denkens, der Werte, der Lebensentwürfe zieht neue Grenzen und schafft neue Territorien.

Verlassen wir jetzt Familie und Ehe und werfen einen Blick auf die Körperkultur. Die Einstellung zur Nacktheit – wir haben es oben schon angesprochen – hat sich im Laufe der Zeit in unserer Kultur stark verändert. Im westlichen Europa gehen wir trotz christlicher Religion, die hier immer noch vorherrscht, eher locker mit Nacktheit um – FKK, Sauna, nackte Beine, tiefes Dekolleté und so weiter sind an der Tagesordnung. Im Gegensatz dazu ist Nacktheit in anderen Kulturen, deren Religionen noch strenger sind und die einen stärkeren Einfluss auf das Alltagsleben haben, verpönt. Die mosaischen (jüdischen) Religionen oder der Islam tabuisieren Nacktheit.

Auch in Ländern, wo generell locker mit dem Thema umgegangen wird, gibt es kulturell bedingt unterschiedliche Auffassungen zu Nacktheit. Fast jedes internationale Hotel verfügt heute über einen Wellnessbereich mit Sauna. Aber Sauna ist nicht gleich Sauna. In Deutschland, Österreich und in der Schweiz sitzen die Besucher nackt in der Sauna, und es gibt auch gemischte Saunabereiche, wo Männer und Frauen zusammen in eine Kabine gehen können. In Amerika tragen die Saunagäste Badetücher und verteidigen ihr höchstpersönliches Territorium vor den Blicken Fremder. Ich bin selbst leidenschaftlicher Saunageher und habe oft die Irritation deutscher Gäste erlebt, wenn amerikanische Touristen in der Sauna mit einem Handtuch bedeckt sitzen. Da kann es leicht zum Vorwurf kommen, sie hätten etwas zu verbergen oder seien gar Voyeure.

Selbst innerhalb derselben Kultur gibt es Gruppen, die eigene Regeln definieren und gleichzeitig die Regeln anderer Gruppen verurteilen. Der menschliche Körper gilt in der griechischen Kultur als etwas Schönes, wird in Kunst, Literatur und sogar in der Kirche gepflegt. Das ist aber ein Widerspruch zur eigenen Moral der Kirche. Priester und Nonnen müssen ihren Körper mit Kleidung voll bedecken, und zu viel Freizügigkeit wird verurteilt – und das, obwohl an den Wänden Skulpturen Nackter oder Abbildungen nackter Körper zu sehen sind. In der arabischen

Welt oder in der Welt des orthodoxen Judentums ist der voll bedeckte Körper ein Muss. Es ist streng verboten, ein nacktes Abbild des Menschen zu zeigen. Wenn zum Beispiel jüdisch-orthodoxe Gruppen in Israel ein Museum besuchen, werden Bilder, die Nacktheit zeigen, selbst wenn sie vielleicht die menschliche Evolution darstellen, verhängt.

Nackte Körper werden in vielen Religionen einerseits als sündhaft betrachtet, andererseits wird der Körper als eine »Fortpflanzungsmaschine« verstanden. Denn nur zu diesem Zweck ist Sex überhaupt erlaubt. Das heißt, Sex dient weder dem Genuss und Spaß noch darf er ein Mittel sein, um Liebe und Zärtlichkeit zu zeigen. Denn Nacktheit wird als Mittel der Verführung verstanden und damit negativ bewertet. Freikörperkultur im täglichen Leben oder in der Kunst können aber auch in Gesellschaften erlaubt und geduldet werden, deren Religion strenge Moralvorstellungen pflegt. Die Kunst ist frei und vieles ist erlaubt, was in der Realität des Alltags nicht erlaubt ist. In meinem Heimatland Israel ist man zum Beispiel viel offener als in den arabischen Ländern rundherum. Die Kunst ist frei, und wenn auch vieles im täglichen Leben nicht denkbar ist, ist es doch staatlich nicht verboten. Das heißt, was als erlaubt oder nicht erlaubt betrachtet, als positiv oder negativ bewertet wird, bestimmen die verschiedenen Gruppen von Menschen für sich selbst und grenzen sich so von anderen ab.

Wir haben schon oben erwähnt, dass wir Menschen häufig Probleme haben, wenn wir zu viele Freiheiten genießen können und keinen Rahmen vorgegeben bekommen. In den westlichen Ländern sind die Menschen in den letzten Jahrzehnten viel liberaler geworden und haben ihre geistig-territorialen Grenzen erweitert oder sie verschwimmen lassen. In der Folge wuchs bei vielen Menschen der Wunsch nach mehr und deutlicheren Grenzen, die sie zur Orientierung brauchen. Vielleicht ist das der Grund dafür, dass plötzlich strenge (orthodoxe) Religionen eine Renaissance erleben und religiöse oder spirituelle Bewegungen boomen. Denken wir an den Iran oder andere Länder wie die Türkei oder Ungarn. Wir bemerken eine Rückkehr zu Traditionen, die einzelnen Menschen mehr Macht verschaffen, Menschen, die gern den Ton angeben und über das Denken anderer bestimmen wollen. Natürlich gibt es in diesen Systemen auch schärfere Grenzen, mehr Regeln sowie Einschränkungen des geistigen Territoriums. Wir beobachten heute also zwei konträre Denksysteme beziehungsweise geistige Territorien: die einen, die sehr frei sind und den Menschen viel Eigenverantwortung überlassen, und die anderen, die den Menschen vorgeben, was sie zu denken haben. Teilweise kämpfen die Systeme auch physisch miteinander – wenn Demonstrationen aus dem Ruder laufen zum Beispiel; Andersdenkende werden nicht toleriert, sondern verhaftet; Gewalt bricht sich Bahn in Terrorismus. Wollen wir hoffen, dass sich Gegensätze in Zukunft ausbalancieren und aggressive Kämpfe um die wirtschaftliche oder religiöse Vormachtstellung ausbleiben oder sich zumindest verringern. Im Endeffekt geht es immer nur um territoriale Streitigkeiten und um die Frage »Wer hat die Macht?«.

Firmenkultur

Bewegen wir uns von der Weltbühne weg und gehen noch einmal auf die Unternehmensebene zurück. Heute kümmert sich jedes Unternehmen um sein individuelles Image. Da geht es unter anderem darum, wie die Mitarbeiter miteinander und mit Kunden umgehen, wie die Führung funktioniert und wie sich das Unternehmen nach außen präsentiert. Wir sprechen von Firmenkultur und Markenpflege sowie – wenn es um die Sicht potenzieller neuer Mitarbeiter auf das Unternehmen geht – neudeutsch von Employer Branding. Letzteres ist eine Strategie, mit der sich ein Unternehmen als attraktiver Arbeitgeber darstellt.

Der Begriff »Firmenkultur« hat eine umfassendere Bedeutung und beschreibt nicht nur die Außendarstellung, sondern auch den Umgang innerhalb des Unternehmens und das, was Mitarbeiter an das Unternehmen bindet. Die Identifizierung mit dem Arbeitgeber spielt für die Akzeptanz, Integration und Zufriedenheit am Arbeitsplatz eine große Rolle. Sie trägt maßgeblich dazu bei, dass sich Mitarbeiter wohlfühlen und zugehörig empfinden. Wir hören von Personalverantwortlichen oft, wie wichtig es sei, dass der neue Mitarbeiter ins Team und zum Unternehmen passe. Die Identifikation mit der Firmenkultur kommt auch in äußeren Signalen wie Kleidung (Uniform), Emblemen, gebrandeten Lanyards (Umhängebänder mit Firmenlogo), Mitarbeiterausweisen oder weiteren Symbolen zum Ausdruck. Sie weisen alle auf die Zugehörigkeit zum Unternehmen hin. Die Mitarbeiter sind in der Regel stolz, für dieses Unternehmen zu arbeiten und Teil seines Territoriums zu sein; sie wollen das nach außen hin zeigen.

Nicht nur Unternehmen, auch Branchen bilden eigene Territorien, die wiederum eigene Spielregeln für sich definieren. Das Finanzwesen gilt immer noch als eher traditionell und konservativ und definiert entsprechende Rahmenbedingungen und Verhaltensregeln. Das ändert sich zwar mittlerweile etwas, aber ist nach wie vor erkennbar. In der IT-Welt ist das völlig anders. Sie gibt sich eher jung, dynamisch, kreativ, manchmal auch ein wenig unkonventionell und »schräg«. Junge oder jung gebliebene Mitarbeiter tragen Jeans und T-Shirt statt Sakko und Krawatte. Mit der letztgenannten »Firmenuniform« will die Finanzwelt ihren Kunden Seriosität und Sicherheit demonstrieren: »Wir wechseln unsere Werte nicht so schnell – wir sind stabil.« Die IT-Nerds dagegen zeigen mit ihrer Kleidung, dass sie sich rasch anpassen können, mit der Zeit gehen und offen sind für neue Entwicklungen in der elektronischen, technischen Welt.

Mit unserer Kleidung und unserem Verhalten senden wir Signale, die andere lesen und danach entscheiden können, ob die so demonstrierte Weltanschauung zu ihnen passt, ihren Erwartungen entspricht – oder ob sie sich nicht in diesem Territorium bewegen wollen.

Kommen wir einmal zu den Produkten der Unternehmen: Neben Formen spielen Farben in der Außenwirkung eine große Rolle. Sie signalisieren, wofür ein Produkt oder eine Dienstleistung steht. Grün symbolisiert Natur, die Ware ist wohl »bio« und nachhaltig. Pastelltöne wie Rosa und Hellblau oder die neutrale Farbe Weiß finden wir häufig bei Kosmetikartikeln. Blau kommt häufig bei

Handwerkern zum Einsatz – vom Blaumann bis zur Gestaltung der Website markiert diese Farbe Seriosität und sagt uns, wir seien in guten Händen.

Wir haben bereits die Unternehmenskultur erwähnt: Sie ist ein geistiges Territorium und umfasst vor allem die Unternehmensphilosophie. Hier geht es um die Grundhaltung des Unternehmens, um seine Werte und Überzeugungen. Das alles ist ein geistiges Gut und unterscheidet das eine Unternehmen vom anderen. Es geht dabei nicht nur um den Wettbewerb am Markt oder um die Frage, wer die bessere Ware oder mehr Marktanteile hat. Es geht vielmehr um die Ideale des Unternehmens, um die Frage »Wofür stehen wir als Unternehmen?«. Heute finden wir in der Außendarstellung von Unternehmen Begriffe wie »Nachhaltigkeit«, »ohne Tierversuche« oder »keine Kinderarbeit«. Solche Aussagen können auch bei der Formulierung von Unternehmensclaims, also Slogans, verwendet werden und spielen dann in der Werbung eine große Rolle. Mit Claims grenzen sich Unternehmen von anderen ab, denen sie nicht solche Merkmale zusprechen. Das ist nicht nur für die Kunden wichtig, sondern auch im Rennen um die besten Mitarbeiter relevant – und da sind wir wieder beim oben erwähnten Employer Branding.

Fachwissen

Betrachten wir einmal den Diskurs von Literaten, Philosophen oder Wissenschaftlern. Hier kommunizieren Menschen miteinander, die jeweils dasselbe Fachgebiet haben. Es kommt vor, dass in diesen Fachgebieten jeder eine andere Meinung vertritt. Die unterschiedlichen Meinungen werden ausgetauscht. Dennoch bleibt es immer noch ein gemeinsames Wissensgebiet, in dem sich die Fachleute bewegen. Wir sprechen ihnen Expertenwissen zu. Jeder von ihnen verteidigt sein Gebiet, seine Meinung, sein geistiges Territorium – insbesondere gegenüber jemandem, der nicht vom Fach ist. Natürlich lässt sich der Spezialist in sein Fachgebiet nicht hineinreden, und schon gar nicht von jemandem, der nicht spezialisiert ist wie er selbst: »Ich bin Physiker.« Oder: »Ich bin Mechaniker.« Oder: »Ich bin IT-Techniker.« So hat jeder sein Territorium. Selbst der Boss, der nicht vom Fach ist, sollte hier nicht vorschreiben, wie der Fachmann seinen Job zu machen hat. Der Spezialist kennt sich in seinem Fachgebiet aus und weiß genau, welche Entscheidungen er wann zu treffen hat.

Marktbeherrschende Unternehmen wie Red Bull, Coca-Cola, L'Oréal, Estée Lauder und andere erweitern ihr Territorium, indem sie ihren Retail-Partnern (Einzelhandelspartnern) vorschreiben, in welchen Regalen und wo genau dort ihre Ware präsentiert werden muss. Manch ein Geschäftsführer im Einzelhandel empfindet solche Vorschriften als nicht legitimes Eindringen in sein Territorium und argumentiert dagegen: »Ich kenne meine Kunden und möchte selbst bestimmen, wie und in welchem Regal ich die Ware präsentiere.« Er möchte nicht, dass jemand in sein Territorium eingreift und ihm Vorschriften macht. Das Management der starken Marke hat allerdings durchaus die Macht, das Territorium des Einzelhändlers zu beeinflussen. Die Alternative für den Einzelhändler:

Er verteidigt sein Territorium, kann aber die starke und beliebte Marke dann nicht mehr vertreiben.

Unser Fachgebiet, unser Fachterritorium, verteidigen wir nicht nur mit unserer Fachmeinung und unserem Fachwissen, sondern wir markieren es auch durch einen Titel oder eine Jobbezeichnung: Doktor, Professor, Geschäftsführer, Generaldirektor und so weiter. All diese Titel und Funktionsbezeichnungen sind Fachmarkierungen – auch wenn sie nicht alle akademisch sind. Wir schreiben sie gern auf unsere Visitenkarten. Auch Berufsbezeichnungen wie Elektriker, Installateur, Mechaniker, Ingenieur und so weiter sind Fachmarkierungen. Sie alle markieren territoriale Grenzen eines bestimmten Fach- und/oder Wissensgebiets.

Jeder ist stolz auf sein Fachgebiet – selbst eine Reinigungskraft. Sie weiß genau, welches Putzmittel sie für welchen Zweck am besten benutzt. Sie ist stolz, wenn man das anerkennt und sie vielleicht sogar um Rat fragt. Wenn sie ihre Fachkenntnisse zeigen kann und empfiehlt: »Nimm lieber dieses Mittel von dieser Firma, ich habe damit bessere Erfahrungen«, stärkt das ihren Stolz auf ihre Kompetenz, ihr spezielles Fachwissen.

Werden Fachkenntnis und Fachgebiete nicht respektiert, kann das die Qualität der Arbeit negativ beeinflussen. Ein fachkundiger Mensch, dem nicht zugehört wird, dessen Meinung missachtet wird, ist unter Umständen schnell gekränkt, wenn sein Wissen nicht anerkannt wird. Er wird dann vielleicht die Arbeit sabotieren, um dem anderen zu zeigen: »Siehst du, du kennst dich nicht aus, verlass dich beim nächsten Mal auf das, was ich sage oder wie ich es mache.« Niemand mag sich von fachfremden Personen in sein Territorium hineinreden lassen.

Hier und dort überlappen sich Fachgebiete, etwa bei Ärzten und Apothekern. Wer bestimmt, welches Medikament im Krankenhaus angewendet werden soll? Sind es die Ärzte? Oder ist es die Pharma-Einkaufsabteilung? Welches Medikament von welcher Firma wird verwendet und wofür? Manches Mal kommt der Patient mit einem Rezept vom Arzt in die Apotheke, und der Apotheker vertritt eine andere Meinung als der Arzt und empfiehlt dem Patienten ein gleichartiges Medikament, das besser wirkt oder verträglicher ist.

Einer redet also dem anderen ins Fachgebiet hinein. Konflikte sind dann vorprogrammiert, weil die territorialen Grenzen fließend sind. Dazu gibt es viele weitere Beispiele. Auch Architekten und Innenarchitekten arbeiten in Fachgebieten, die sich überschneiden. Meinungsverschiedenheiten können hier entweder als Fachaustausch gesehen, besprochen und gelöst werden, oder sie führen zu territorialen Konflikten. Ist es den Beteiligten bewusst, dass sie ihr Territorium verteidigen wollen, können sie unter Umständen besser mit solchen Situationen umgehen.

Wenn wir uns anhand dieser Beispiele klarmachen, wie wir selbst in solchen und ähnlichen Fällen denken und handeln, verstehen wir auch, warum es dazu kommen kann, dass jemand aggressiv wird, wenn ein anderer sein Territorium attackiert.

Zeit als Territorium

Wir werden geboren und wir sterben – das ist der Lauf des Lebens. Die Zeit dazwischen ist ein Territorium, das uns als sogenanntes Leben zur Verfügung steht. Wir können weder Teile dieses Territoriums, also Lebensjahre, hinzukaufen, noch können wir sie einem anderen Menschen wegnehmen, um sie für uns selbst zu verbuchen.

Wie messen wir die Zeit? Zeit ist ein Kontinuum ohne Anfang und ohne Ende. Manche Wissenschaftler meinen, die Zeit wurde mit dem Urknall geboren, andere meinem, es gab sie schon immer – wir wissen es nicht. Jedenfalls ist Zeit ein Kontinuum, das wir mit unseren Sinnen allein nicht wahrnehmen können. Um sie erfassen zu können, haben wir sie kurzerhand an zyklische Erscheinungen gebunden, etwa an die vier Jahreszeiten: Frühling, Sommer, Herbst und Winter. Tag und Nacht verbinden wir mit den wiederkehrenden Phänomenen Sonnenaufgang und Sonnenuntergang, die ganz unabhängig von Zeit geschehen. Unsere Urahnen haben sich an solchen zyklischen Naturerscheinungen orientiert, um Zeit bestimmen zu können. Später in der Menschheitsgeschichte wurde die Uhr erfunden. Auch sie ist als Instrument der Zeitmessung völlig willkürlich. Mathematisch war es einfach, die Zeitspanne des Tages durch zwölf zu teilen. Und jetzt haben wir eine Uhr, die in Zwölferschritten tickt, und messen Zeit anhand dieses Instruments. Wir können Minuten, Sekunden und noch kleinere Einheiten definieren und messen. Die Frage ist: Wenn ich nichts tue, bleibt die Zeit dann stehen? Die Antwort ist: Nein, sie läuft trotzdem weiter. Zeit kann man weder anhalten – auch wenn wir das manchmal gerne täten – noch können wir Zeit sparen und sie später wie ein Guthaben verwenden. Zeit ist ein Kontinuum und schreitet immer weiter voran.

Wir können unsere Lebenszeit aufgrund gemessener Durchschnittswerte ungefähr schätzen. Statistiken zeigen, wie lange Menschen heute in einer bestimmten Umgebung und unter bestimmten Umständen durchschnittlich leben. Aber können wir danach wirklich unser Leben planen? Eigentlich nicht, denn jedes Leben ist individuell, aber wir tun es trotzdem. Wir planen unser Leben nach einer Statistik. Die Länge der Schulzeit, die Jahre, die wir für eine Ausbildung oder für das Studium brauchen, ist von vielen Faktoren abhängig, wir können noch nicht einmal diese Zeitspannen planen. Und die Jahre, in denen wir arbeiten und unseren Beruf ausüben? Wann gehen wir in den verdienten Ruhestand? Wir wissen es nicht und können es nicht planen. Über all dem steht die Gewissheit, dass wir eines Tages sterben werden. Wir wissen aber nicht, wann. Aber die meisten von uns teilen ihr Zeitterritorium dennoch ein und orientieren sich dabei an Erfahrungen anderer Menschenleben.

Gehen wir näher auf unsere Lebenszeit ein: Wir können unsere Zeit jeweils nur einer Sache widmen. Entscheiden wir uns für die eine Sache, etwa dafür, den Beruf eines Ingenieurs auszuüben, und geben ihm Priorität, so geht das auf Kosten einer anderen Sache, vielleicht auf Kosten unserer Begabung für Malerei. Wollen wir beides machen, sind wir auf keinem Gebiet voll bei der Sache. Unsere Vorstellungen pendeln zwischen verschiedenen Wünschen hin und her, und unsere Entscheidungen bestimmen dann die Richtung.

Manchmal sind wir nicht Herr über unsere Zeit. Die Wahl zwischen Familie und Karriere ist zum Beispiel nicht leicht. Natürlich kann man beides unter einen Hut bringen, aber vom großen Kuchen Zeit sind es dann eben nur zwei Hälften oder ein Drittel und zwei Drittel, die verteilt werden müssen. Häufig geht der Beruf vor. Die Familie und die Kinder müssen auf ihren Anteil am Zeitterritorium verzichten. Einige Menschen unterwerfen sich Regeln, die uns von sozial anerkannten Lebensmodellen vorgegeben werden und uns sagen, welche Inhalte in unserem Zeitrahmen sinnvoll sind und wie viel Raum sie einnehmen sollten. Heute gilt es zum Beispiel als selbstverständlich, dass auch Väter Zeit in die Erziehung der Kinder investieren, selbst wenn sie beruflich stark eingebunden sind. Nach solchen Normen werden wir bewertet, und es wird entschieden, ob wir unsere Zeit verschwendet oder sinnvoll – idealerweise zum Wohl aller – genutzt haben. Uns steht das Recht zu, selbst zu bestimmen, was wir mit unserer Zeit anfangen. Die Aussage »Ich verschwende meine Zeit« ist eigentlich unsinnig. Wir sagen damit nur, dass wir aus unserer Sicht oder mit den Augen anderer die Zeit nicht sinnvoll genutzt haben.

Machen wir wieder einen Ausflug in die Arbeitswelt, wo Zeit ein wichtiger Faktor ist. In unserer westlichen und eher sozial orientierten Welt wird die Dauer der zulässigen maximalen Arbeitszeit zwischen Arbeitgeber und Gewerkschaft vereinbart. Sie wird im Tarifvertrag bestimmt oder in Einzelvereinbarungen festgelegt. Es wird genau bestimmt, wie viele Stunden pro Tag oder Woche gearbeitet wird, wo die Höchstgrenze für Überstunden liegt und so weiter. Auch Freizeit, Urlaube und Feiertage sind durch (gesetzliche) Verordnungen geregelt. Das alles dient dem Schutz des Arbeitnehmers und ermöglicht es ihm, über eine gewisse Zeit selbst zu verfügen.

Ganz anders war es früher – und es ist noch heute so in armen Ländern: Hier gibt es Arbeitsverhältnisse, die es den Arbeitenden nicht erlauben, über ihre Zeit bestimmen zu können. Sie sind Arbeitssklaven. Solche gab es früher auch in der westlichen Welt, etwa Hausbedienstete, die immer zur Verfügung stehen mussten, die kein eigenes Zeitterritorium hatten, sondern sich nach dem ihrer Herrschaft richten mussten.

Bleiben wir noch kurz in der Arbeitswelt, wechseln aber das Thema: Termine. Wenn wir mit jemandem einen Termin vereinbaren wollen, nehmen wir Rücksicht darauf, ob der andere ranghöher oder rangniedriger ist. Wissen wir es noch nicht, werden wir es schnell feststellen: Im Regelfall wird der Ranghöhere über die Zeit bestimmen. Wenn der Chef eine Konferenz plant, richten sich alle anderen nach seinem Kalender. Er entscheidet, wann und wie lange er ein Zeitfenster festlegt. Er entscheidet auch, ob er einer Person oder einem Thema überhaupt Zeit einräumen möchte.

Die Zeit läuft nur in eine Richtung – nach vorne und nie zurück. Auch wenn wir das manchmal wollen, können wir sie nicht zurückdrehen. Sprechen wir von kurzer oder langer Dauer, dann ist das eine Art Messung in unserem individuellen Territorium Zeit, aber nichts Objektives. Manchmal kommt uns persönlich etwas ewig lang vor, zum Beispiel, wenn wir auf etwas warten und uns dabei langweilen, und dann wieder fliegt die Zeit dahin, vor allem, wenn wir etwas Schönes erleben. Wir nehmen uns auch Zeit für das, was uns wichtig ist. Wir geben anderen ein Stück von unserem kostbaren Zeitterritorium, das wir nicht zurückhaben können. Deswegen ärgern wir uns auch, wenn jemand zu einer Verabredung zu spät kommt oder im Rahmen der uns eingeräumten Zeit plötzlich gleichzeitig andere Sachen macht oder mit anderen Personen spricht. Er erledigt dann Dinge, die mit unserem Termin gar nichts zu tun haben. Unser Zeitterritorium wird dadurch eingeschränkt, und das gefällt uns meistens gar nicht. Es ärgert uns und hat nicht nur mit mangelndem Respekt und fehlender Wertschätzung für uns zu tun. Der andere erobert einfach ungefragt unser Zeitterritorium.

Umgekehrt fühlen wir uns respektiert, wenn der Boss oder eine andere wichtige Person uns von seinem/ihrem Zeitterritorium etwa abgibt, uns Zeit widmet und zum Beispiel die Sekretärin anweist: »Bitte keine Telefonate mehr durchstellen.« Das heißt, der Chef schützt und verteidigt das Zeitterritorium vor einem Eindringling, der eventuell persönlich oder telefonisch stören könnte. Die Zeit des Chefs gehört zu hundert Prozent ihm und mir. Es kommt selten vor, dass ein Mitarbeiter, der in der Hierarchie eher unten steht, versucht, ein Treffen mit einem ranghöheren Mitarbeiter von sich aus zu verlängern. Tut er das und redet einfach weiter oder geht nicht, empfindet der übergeordnete Kollege dies als aufdringlich – es stört seinen Zeitplan. Verlängert der Ranghöhere hingegen selber das Treffen und schenkt uns noch ein Stück seiner wertvollen Zeit, seines Territoriums, dann ist das eine besondere Wertschätzung. Natürlich greift er damit in unser Zeitterritorium ein. Aber in diesem Fall fühlen wir uns wahrgenommen und wertgeschätzt und werden ihm gern die Zeit einräumen.

Wie gesagt, wir können Zeit nicht zurückgewinnen oder für später aufheben. Daher ist sie wohl das Kostbarste, was wir haben, und auch das Kostbarste, das wir jemandem schenken können. Wir versuchen, unser Zeitterritorium zu verteidigen und nach unserem Bedarf zu nutzen.

In unserer Kultur gehen wir sehr respektvoll mit Zeit um. Es gilt als unhöflich, wenn jemand zu spät kommt. Zu spät zu kommen, verkürzt das Zeitterritorium desjenigen, mit dem wir verabredet sind. In anderen Ländern und anderen Kulturen ist das anders. In südlichen Ländern wird meist etwas lockerer mit Zeit umgegangen. Zeitangaben werden eher als grobe Orientierung verstanden. Sogar amtliche Institutionen nehmen es oft nicht so genau mit der Uhrzeit. Mancherorts gilt es sogar als unhöflich, zu pünktlich zu sein. Ist die Hausfrau noch nicht fertig mit der Vorbereitung für den Gast, dann fühlt sie sich in ihrer Zeiteinteilung, also ihrem Territorium, gestört.

Amerikaner sagen: »Time is money.« Danach bewerten sie, ob ein Geschäft erfolgreich ist. Kommt ein Vertrag nicht sofort beim ersten Termin zustande, wird er als verschwendete Zeit verbucht. Die Japaner sehen das ganz anders. Sie erscheinen sehr pünktlich, brauchen aber mehrere Gespräche oder Verhandlungen und überlegen lange, bevor es zum Vertragsabschluss kommt. Sie kommen zum ersten vereinbarten Treffen, um dem potenziellen Geschäftspartner erst einmal zuzuhören, und werden nicht sofort ein Geschäft abschließen. Es ist also konfliktträchtig, wenn Vertreter unterschiedlicher Kulturen Geschäfte miteinander machen wollen. Viele international tätige Unternehmen schulen ihre Mitarbeiter, die viel reisen und Kontakte mit Geschäftsleuten anderer Kulturen pflegen: Sie sollen die fremden Sitten, Gebräuche und Spielregeln kennenlernen. Sie haben sicher schon von solchen interkulturellen Trainings gehört. Selbstverständlich erwartet niemand in China, dass ein Amerikaner oder Österreicher sich wie ein Chinese benimmt. Das gilt auch umgekehrt. Es ist ganz gleich, in welchem Land der Erde wir uns aufhalten: Unsere Gastgeber erwarten mindestens Respekt für ihre Regeln des höflichen Miteinanders, der Kommunikation in ihrem Territorium.

Machen wir jetzt einen Besuch beim Arzt. Wie ist das mit Terminen in einer Arztpraxis? Patienten mit einer gesetzlichen Krankenversicherung müssen in der Regel lange auf einen Termin warten. Beim Arztbesuch selbst wird ihnen dann die geringstmögliche Zeit für ihr Anliegen eingeräumt. Im Gegensatz dazu bekommen Patienten mit privater Versicherung schneller einen Termin und erhalten beim Arztbesuch mehr Aufmerksamkeit und dürfen mehr Zeit in Anspruch nehmen. Wer es sich leisten kann, bekommt also schneller einen Termin und auch größere Anteile vom Zeitterritorium des Arztes eingeräumt. Natürlich gibt es aber auch Ausnahmen: Kassenärzte, die sich bewusst viel Zeit für ihre Patienten nehmen.

Wie ist das in der Familie? Jeder von uns hat pro Tag 24 Stunden zur Verfügung – nicht mehr und nicht weniger. Diese Tageszeit teilen wir – wie oben schon gesagt – ein: für die Arbeit, die Familie, Freunde, Erholung und so weiter. Das »Brötchenverdienen« hat meistens Priorität – schließlich muss man ja von etwas leben. Deshalb reservieren wir dem Beruf auch einen großen Teil des Tages. Die Familie kommt da oft zu kurz.

Berufliche Termine nehmen wir übrigens auch deshalb so wichtig, weil sie in unserem Kalender stehen und dort Tagesterritorium beanspruchen. Wie leicht schieben wir da den Wunsch beiseite, mit dem Partner oder den Kindern Zeit zu verbringen. Vielleicht sollten wir viel mehr auch solche privaten Termine in unseren Arbeitskalender schreiben, damit wir sie ernst nehmen. Zum Beispiel: »Mittwoch Schuhe kaufen mit meinem Sohn.« Nun ist diese Zeit blockiert, und der Sohn hat plötzlich ein Recht auf einen Platz im Zeitplan des Vaters, er hat zeitliches Territorium erobert, oder besser, der Vater räumt es ihm ein. Wie viel Ärger und Frustration kann das ersparen? Der Ärger kommt nicht immer sofort zum Ausdruck, in einer Familie wird er oft unterdrückt, staut sich auf und kommt dann geballt an die Oberfläche. »Du hast nie Zeit für mich.« Oder: »Du nimmst mich nicht wahr.« Oder: »Ich bin nicht wichtig genug für dich.« Oder: »Du hast keine Zeit für deine Kinder.« Dies sind nur einige harte Sätze, die in solchen Fällen ausgesprochen werden. Die Zeitspannen, die jemand seinen Kindern oder seinem Partner zur Verfügung stellt, zeigen uns, wie sehr derjenige Kinder und Partner wertschätzt. Die Familie erhält die Zuwendung, die sie verdient.

Lebenskultur

Wir haben uns bereits mit verschiedenen Themen befasst, die alle zu unserer Lebenskultur gehören: Sprache, Erziehung, Firmenkultur und so weiter. Nun widmen wir uns der Lebenskultur in größerem Rahmen.

Es ist fast unmöglich, eine Kultur zu »erlernen«. Wir wachsen von Geburt an mit ihr auf. Unsere Familie hat sie über viele Generationen hinweg gelebt, und durch die Familie und die Lebensumstände außerhalb der Familie wird sie ein Teil von uns; sie prägt unsere Identität. Wir können uns mit fremden Kulturen zwar vertraut machen – das haben wir oben beim interkulturellen Training erwähnt –, sie wird aber dann kein Teil von uns.

Was verstehen wir eigentlich unter Kultur? Sie umfasst nicht nur geistige, kreative Leistungen wie Kunst, Theater und Literatur, sondern auch unsere Werte, unseren Glauben sowie unsere Sitten und Gebräuche im Lebensalltag. Sie bestimmt unsere Einstellung zu der Welt, in der wir leben: Auch wenn wir glauben, objektiv zu sein, denken wir in Rastern, wie sie uns vermittelt und vorgelebt wurden. Weil Kultur so allumfassend ist, nenne ich sie Lebenskultur.

Zur Lebenskultur gehört unsere Esskultur. Sie ist ein gutes Beispiel, weil wir alle täglich mit ihr zu tun haben. Ich weiß nicht, ob Ihnen das schon einmal aufgefallen ist: Das, was einer eklig findet, ist für den anderen eine Delikatesse. Der eine ist eben damit aufgewachsen, der andere nicht. In unserem Kulturkreis essen wir keine Würmer (außer wir gehen ins Dschungelcamp), bei den Aborigines gelten sie hingegen als proteinreiche Delikatesse. Franzosen schlürfen mit Genuss Austern oder Schnecken. Wovor sich der eine ekelt, das ist für den anderen das Beste überhaupt. Rohes Fleisch, etwa Beef Tatar, schmeckt uns sehr gut, ist aber in manchen Religionen verboten, zum Beispiel im Judentum, das den Gläubigen verbietet, Blut zu essen. In einem israelischen Restaurant werden Sie Gerichte mit rohem Fleisch daher nie auf der Speisekarte finden. Gläubige Juden legen Fleisch übrigens drei Stunden in Salz sein, damit alles Blut weggesaugt wird, bevor das Fleisch gekocht wird. Wird einem gläubigen Juden Beef Tatar angeboten, findet er es ekelhaft. Seine Religion lehrt, im Blut liege die Seele, die man natürlich nicht isst.

So wie wir es gewohnt sind, so leben wir, so hat uns unser kulturelles Territorium geprägt. Ich kann mich noch gut daran erinnern, dass ich vor vielen Jahren in Japan zum ersten Mal in meinem Leben mit rohem Fisch als Speise konfrontiert wurde. Als ich aus Japan zurückkam, habe ich nicht nur gelernt, rohen Fisch zu essen, sondern ich habe ihn wirklich lieben gelernt. In Deutschland war er zu dieser Zeit als Speise noch gar nicht bekannt. Die Menschen haben mich nicht verstanden: »Iiih... wie ekelhaft! Wie kannst du rohen Fisch essen?!« Mittlerweile hat die japanische Esskultur ihr Territorium erweitert. Auch hier gibt es heute Sushi, Maki und Co.

Bleiben wir beim Essen und wenden uns einem verwandten Thema zu – den Tischmanieren. Auch sie sind in jedem Kulturkreis anders. Was den einen als unkultiviert erscheint, ist für andere völlig normal. Tischmanieren sind in unserer Alltagskultur verankert. Bei uns isst man üblicherweise mit Gabel und Messer, man sitzt ruhig am Tisch. Nomaden, Araber oder Inder zum Beispiel essen bevorzugt mit den Händen – und zwar außer Suppe alles; Suppe wird getrunken. Für jemanden, der in einer europäischen Kultur aufwächst, ist es eher abstoßend, zu sehen, wie jemand mit Händen isst, den Reis in die Soße tunkt und aus der Masse kleine Bällchen zwischen Daumen und Fingern formt, die dann in den Mund gesteckt werden. Hat man uns doch von klein auf ermahnt: »Iss nicht mit den Fingern, spiel nicht mit dem Essen.« In vielen außereuropäischen Ländern ist es aber völlig normal, die Finger als Besteck zu benutzen. Sie wollen das Essen spüren, es mit der Hand erleben. In ihrem Esskulturterritorium wäre es sehr seltsam, plötzlich Messer, Gabel oder Löffel zu verwenden.

Es gibt Kulturen, in denen am Tisch laut miteinander gesprochen wird, Gespräche während des Essens sind üblich. Essen ist ein soziales Ereignis, und da gehört auch das laute Gespräch dazu. In anderen Kulturen spricht man nicht bei Tisch. Es gehört zum guten Ton, sich ruhig zu verhalten. In bürgerlichen Familien Europas war es zum Beispiel bis vor 80 oder 100 Jahren *en vogue*, beim Essen zu schweigen.

Sitten prägen uns und unsere Denkweise, kurz: unsere Kultur. Das birgt die Gefahr, dass wir, weil wir natürlich emotional an unsere Kultur gebunden sind, andere Menschen danach beurteilen: Wir unterscheiden kultivierte von nicht kultivierten Essern und urteilen entsprechend. Dabei gibt es sehr wohl auch Regeln beim Essen mit den Händen: Es wird festgelegt, welche Speise mit zwei, welche mit drei Fingern und welche mit der gesamten Hand gegessen werden darf. Kennt jemand diese Spielregeln nicht, wird sein Verhalten als schlechtes Benehmen disqualifiziert.

Unsere Lebensgewohnheiten im Rahmen unserer Kultur bestimmen unseren Geschmack, unsere Werte und unsere Emotionen, die damit verbunden sind. Heute bewegen wir uns freilich auf der ganzen Welt, und so mischen sich Kulturen, die auch nebeneinander gut existieren können. Es bedarf eines respektvollen Umgangs miteinander, mit Menschen fremder Länder und anderen Sitten.

In vielen Ländern, vor allem im Orient, ist es dem Gastgeber wichtig, wie er sich den Gästen präsentiert. Er bietet alles an, was er hat. Für die Gäste wird ein Festmahl zubereitet, eine Tafel mit mehreren Speisen gedeckt. Schon allein unter den Vorspeisen bricht der Tisch fast zusammen. Mindestens zehn verschiedene Gerichte werden aufgetischt. Aber das ist noch lange nicht alles. Danach kommen Töpfe und Pfannen voll mit Lamm und Reis auf den Tisch, Gemüse in verschiedenen Variationen und so weiter. Man fragt sich, wer das alles essen soll, und denkt vielleicht nachhaltig: »Wie schade, dass vieles später wohl weggeworfen werden muss.« Aber das ist für den Gastgeber unwichtig. Auch wenn er Schulden haben sollte, wird er Großzügigkeit zeigen, den Gast mit weitem Herz empfangen und mit voller Hand geben. Er präsentiert sich so groß und beeindruckend wir nur möglich. Das macht er nicht, um sich zu rühmen, sondern um zu zeigen, was er alles bieten kann und wie gastfreundlich er ist. Kommt Ihnen das bekannt vor?

Er zeigt sein Territorium von der besten Seite. So haben das schon unsere Urahnen gemacht, um eine gute

Frau zu bekommen oder gute Untertanen in ihr Land zu ziehen.

In Europa ist das etwas anders: Im südlichen Mittelmeerraum werden wir diese Art der großzügigen Gastfreundschaft eher finden als nördlich davon. Dort wird auf dem Tisch eher streng portioniert, was jeder essen kann: Es gibt abgezählte Scheiben Wurst oder Käse, abgezählte Tomaten und so weiter. Menschen aus dem Orient, das heißt aus dem Nahen Osten und der arabisch-muslimischen Welt, empfinden das freilich als Affront: »Bei mir kriegen die Hunde mehr aufgetischt.« Sie werden das als Beleidigung ansehen, dass man ihnen so wenig Anteile aus dem kulinarischen Territorium anbietet. Der vermeintliche Geizhals, der Gastgeber, will aber nur zeigen, wie vernünftig er kalkulieren kann; er verschwendet nichts.

Ein Verhalten, das innerhalb eines Territoriums selbstverständlich ist, wird von dem Mitglied eines anderen Territoriums als Beleidigung empfunden. Die Begegnung von Menschen verschiedener Kulturen kann also zu Irritationen führen, wenn die Sitten und Gewohnheiten des anderen unbekannt sind und ignoriert werden.

Wir sehen, dass die Lebenskultur Regeln und Werte vorgibt. Was gut oder schlecht ist, was akzeptabel ist oder nicht. Damit grenzen sich Kulturen voneinander ab. Wer die Regeln einhält, gehört dazu, wer nicht, steht außerhalb des Territoriums und wird bestenfalls toleriert.

Wir versuchen oft, kulturelle Werte mit Logik zu erklären. Der Versuch muss scheitern, denn kulturelle Werte sind emotional verankert und können daher nicht – oder aus heutiger Sicht nicht – logisch begründet werden. Der

Grund für manche Verhaltensweisen liegt oft weit zurück und entsprach damals Bedürfnissen, die heute nicht mehr wichtig oder gar nicht mehr vorhanden sind. Das ist es, was wir meinen, wenn wir von Traditionen sprechen. Sie konservieren Emotionen sowie Sitten und lassen sich nicht einfach ändern. So existiert kulturelles Territorium weiter, auch wenn es nicht mehr zeitgemäß ist. Wenn wir nach dem Warum fragen, bekommen wir als Antwort: »Das ist Tradition«, oder: »Das muss man einfach spüren.« Das kann nur jemand verstehen und nachvollziehen, der diese Kultur sehr gut kennt oder in ihr aufgewachsen ist.

Kulturelle Integration

Heute reisen wir mehr, können uns leichter und schneller von A nach B bewegen. Züge, Flugzeuge und Autos machen es möglich.

Dadurch mischen sich Kulturen leichter miteinander. Freier Handelsverkehr, ein international offener Arbeitsmarkt, der Austausch von Wissenschaft und Forschung, von Kunst und Literatur sowie private Reisen haben zu einer modernen Völkerwanderung rund um den Globus geführt.

Allein der Arbeitsmarkt hat sich in den letzten Jahren dramatisch verändert und eine Vermischung der Kulturen begünstigt. Auf der einen Seite sind Märkte auf der Suche nach Arbeitskräften, die es im eigenen Land nicht mehr oder zu wenig gibt. Auf der anderen Seite zwingt die hohe Arbeitslosigkeit in manchen Ländern Arbeitnehmer, sich über die Landesgrenzen hinaus zu bewerben und in

Länder umzusiedeln, die ihnen bessere Jobs bieten. Eine billige Arbeitskraft für einfache Arbeiten zu beschäftigen, ist verführerisch für reiche Länder, die ihre Grenzen für solche Lohnarbeiter geöffnet haben. Menschen aus ärmeren Ländern – vorwiegend aus Afrika oder dem Vorderen Orient – bringen ihre Kultur und Lebensart mit, die sich deutlich von unserer unterscheidet. Gerade diese ärmeren Menschen, die meist ohne ihre Familie kommen, sind stärker an ihren Glauben, ihre Sitten und ihre Kultur gebunden als ihre bessergestellten Landsleute, die in ihrem Land bleiben können. Kultur ist wie ein Klebstoff, der die Lohnarbeiter mit anderen Migranten und mit der Familie und den Freunden zu Hause verbindet. Sie sind in ein anderes Land, in eine andere Kultur gekommen, um zu arbeiten und vielleicht Geld nach Hause zu schicken, aber nicht mit der Absicht, sich dort zu integrieren. Ihr Plan sieht oft vor, irgendwann ins eigene Land zurückzukehren – das Gleiche trifft auf viele Asylsuchende zu. Oft entwickeln sich die Dinge dann aber anders. Die einen können nicht zurück, aus welchen Gründen auch immer, die anderen entdecken die Vorteile im neuen Land und bleiben. Bald holen sie, wenn möglich, die Familie nach. Sie können dann gemeinsam die ökonomischen Vorteile genießen, sehen aber keine Notwendigkeit, ihre eigene Lebensart aufzugeben. Häufig bilden sich dann Gruppen von Landsleuten, die sich bei Stammtischen, bei der Arbeit oder in der Nachbarschaft zusammenfinden. Anfangs sind es kleine Zellen, die dann immer größer werden und schließlich eigene Gemeinschaften innerhalb eines Ortes oder einer Stadt bilden. Sie eröffnen Geschäfte mit Waren aus der Heimat und sprechen untereinander in ihrer Muttersprache.

Für die Bewohner des Gastlandes, die schon immer da waren, wirkt das wie eine Eroberung ihres (kulturellen) Territoriums. Innerhalb ihrer Gruppe kultivieren die Migranten ein Gefühl von Heimat und pflegen ihre Sitten und ihren Glauben. Die Parabolantenne bringt ihnen sogar die TV-Sender aus der Heimat ins Wohnzimmer. Der territoriale Konflikt zwischen Gästen und Gastgebern lässt dann oft nicht lange auf sich warten.

Auch dann, wenn Gäste versuchen, sich zu integrieren, schütteln sie damit natürlich nicht ihre Kultur, ihre Werte, ihren Geschmack und ihre Sitten einfach so ab. Denn zu all dem haben sie von Geburt an eine emotionale Beziehung. Und nicht zu vergessen: Natürlich bleibt die Sehnsucht zum Heimatland bestehen. Das gilt im Besonderen für die erste Generation, die in ein neues Land kommt. Sie behält die Heimatverbundenheit im Herzen. Die zweite Generation wird meist schon im neuen Land geboren, geht dort zur Schule und begegnet im Alltag viel stärker der neuen Kultur des Gastlandes. Diese Kinder der ersten Generation wachsen in der Regel zweisprachig auf. Daher fällt es ihnen leichter, sich zu intergieren, doch sie sind meist immer noch mit dem Heimatland verbunden, auch wenn sie es manchmal gar nicht persönlich kennengelernt haben. Wenn diese Kinder der ersten Generation sich allerdings mehr zu der Kultur des Gastlandes hingezogen fühlen, kann das zu Hause zu Konflikten führen. Die Eltern leben noch die mitgebrachten Traditionen, die Kinder sind schon mehr mit der Kultur des Gastlandes verbunden. Die Eltern fühlen sich verraten, die Kinder halten die Eltern für stur und unflexibel. Die Jungen lernen die Spielregeln des Gastlandes in der Schule oder beim Spielen mit Freunden. Die nachfolgende dritte und vierte Generation hat kaum noch etwas mit der kulturellen Heimat der Großeltern zu tun: Die Kinder und Kindeskinder dieser Generationen sprechen oft nicht einmal mehr die Muttersprache der Großeltern. Das ist dann schon eine fast vollständige Integration, das Territorium der Ahnen verblasst zusehends.

Lebensarten von Menschen zu tolerieren, die aus einer anderen Kultur kommen, fällt vielen nicht leicht. Da ist etwas anders, exotisch, vielleicht trauen wir dem nicht so ganz. Wir verstehen die Sprache nicht. Im Urlaub finden wir das ja vielleicht noch attraktiv, aber zu Hause, im eigenen kulturellen Territorium? Da sieht das dann schon ganz anders aus. Es ist leicht zu sagen: »Tja, wenn die bei uns leben wollen, dann müssen sie sich anpassen.«

Da sollten wir uns einmal in die Lage der Gäste versetzen. Wie wäre das für uns? Lang gelebte geistige Werte, die das Fundament einer Lebensweise sind, kann man nicht so mir nichts, dir nichts über Bord werfen, nur weil jetzt etwas Neues da ist. Das sind ja unsere Wurzeln, das ist Teil unserer Identität – ich möchte fast sagen: unserer DNA. Es braucht daher ein paar Generationen, die schon von Geburt an in einer Mischkultur aufwachsen, damit eine echte Assimilation stattfinden kann.

In diesem Zusammenhang noch einmal zurück zum Arbeitsplatz. Innerhalb der Belegschaft eines Unternehmens bilden sich manchmal Gruppen von Kollegen, die aus demselben Land kommen und schnell einen Draht zueinander finden. Sie sind sich in ihrer Lebensart nahe und sprechen dieselbe Sprache. Schnell haben wir eine Cliquenbildung im Betrieb. Wenn diese Kollegen sich dann am Arbeitsplatz untereinander in der Muttersprache austauschen, irritiert das die anderen. Sie werden misstrauisch: »Worüber reden die? Am Ende gar über uns?« Das fördert kein gutes Betriebsklima. Hier helfen Toleranz und Spielregeln, etwa die, dass man am Arbeitsplatz nur in der Sprache des Gastlandes sprechen darf.

Anders ist das bei Immigranten aus höheren sozialen Schichten. Sie sprechen meist schon die Sprache des Gastlandes oder zumindest Englisch. Sie haben vielleicht eine Schule im Ausland besucht oder in einem anderen Land studiert. Auch durch Ferien im Ausland sind sie anderen Kulturen schon nähergekommen. Ihnen fällt die Integration leichter, was natürlich nicht heißen soll, dass sie ihre Tradition fallen lassen. Es fällt ihnen nur leichter, die Kulturen zu verbinden. Meist immigrieren sie auch ganz bewusst und wollen im Gastland bleiben, sie wollen sich einbürgern. Sie betrachten das neue Land als Wahlheimat und haben daher einen anderen Fokus auf Assimilation. Wie gesagt, bedeutet das nicht, dass sie bereit sind, auf ihre Identität, auf ihre Kultur zu verzichten. Es scheint möglich, im Herzen zwei Kulturen zu tragen und zu vereinen.

Ich habe da eine sehr schöne Geschichte erlebt: Anfang der Sechzigerjahre reiste ich das erste Mal von Israel nach Wien. Es war mein erster Besuch in Europa. Zu dieser Zeit war ich am Cameri-Theater in Tel Aviv engagiert. Die Kantine des Theaters wurde von einem Paar aus Wien geführt, das noch rechtzeitig vor den Nazis fliehen konnte. Nach meiner Rückkehr aus Wien haben mich die beiden voller Sehnsucht über die Entwicklung in der Stadt ausgefragt. Sie wollten alle Details wissen. Ob diese Straße oder jener Platz noch so aussehen würden wie früher, ob ich im Burgtheater war und ob es dann wohl noch das Café gäbe, in dem sie als Kinder so viel Torten und Kuchen gegessen hätten. Ich war erstaunt, wie tief ihre Verbindung zu der Kultur war, die sie hinter sich lassen mussten. Sie waren Israelis durch und durch, aber hatten frei nach einem Wienerlied »mitten im Herzen drin ein Stückerl altes Wien«.

Jeder, der lange in einem fremden Land lebt, freut sich, wenn er einem Stück Heimat in Gestalt von Landsleuten begegnet. (Das haben wir bereits oben erwähnt, als es um Urlaube in fremden Ländern ging.) So freut sich ein Wiener, wenn er mitten in Manhattan auf ein Wiener Kaffeehaus stößt. Natürlich wird er es besuchen, das ist wie ein Anker, der Sicherheit und Vertrautheit der Heimat bietet. Es liegt in der Natur der Sache, dass Menschen Vertrautes in der Fremde suchen. Gruppen gleicher Kulturen suchen sich und bilden territoriale Inseln; man könnte fast von Parallelwelten sprechen.

Solche »Parallelwelten« sind in den USA durch die vielen Einwanderer entstanden. Die verschiedenen Kulturen leben friedlich nebeneinander. In Manhattan gibt es Little Italy neben Chinatown, in Brooklyn ist eine jüdische Gemeinde zu Hause und in San Francisco gibt es ein japanisches Viertel. An erster Stelle fühlen sich alle als stolze Amerikaner, an zweiter Stelle bewahren sie ihre ursprüngliche Kultur.

Wie bereits oben erläutert, gibt es auch in verschiedenen Religionen Kulturunterschiede im Alltag. Was bei den einen richtig und üblich ist, gilt bei den anderen als inakzeptabel. Das schafft Konflikte und Missverständnisse, die schlimmstenfalls sogar physische Aggressivität auslösen können. Orthodoxen Juden ist es wie Muslimen verboten, einer Frau zum Gruß die Hand zu geben. Die Frau gilt an manchen Tagen als unrein, und da man bei fremden Frauen nicht weiß, in welcher Phase des Zyklus sie sich befinden, gibt man ihnen überhaupt nicht die Hand.

Orthodoxe Juden reichen sogar generell die Hand nicht zum Gruß – vielleicht hat der Nicht-Gläubige ja Schweinefleisch gegessen, und das ist nicht koscher. Wenn jemand, der diese Kultur nicht kennt, das nicht weiß, kann er das freilich als Ablehnung seiner Person oder gar als Beleidigung missverstehen.

Das sind nur wenige Beispiele, wie das Verhalten von Angehörigen einer Kultur anderen als Affront erscheinen kann. Fehlendes Wissen führt zu Missverständnissen und seelischen Verletzungen auf beiden Seiten. Der Gastgeber denkt: »Er verändert meine Kultur, er bedroht mich in meinem eigenen Haus«, und reagiert ablehnend, geht in den Verteidigungsmodus. Der Gast fühlt sich missverstanden und im schlimmsten Fall ausgeschlossen.

Kulturübergreifend – Kulturen mischen sich

Der Austausch der Kulturen kann aber auch bereichernd sein, sofern eine gute Balance herrscht; es ist ein Prozess, der sich sehr langsam vollzieht.

Kommen wir noch einmal auf das Thema Esskultur zurück: Die Pizza ist heute ein selbstverständliches Gericht in der deutschen Küche und sehr populär. Vor 40 Jahren war sie noch nicht so bekannt in unseren Breiten. Nach und nach ist die italienische Küche über die Landesgrenzen Italiens hinaus bekannt geworden. Niemand würde die Pizza oder andere italienische Speisen als Bedrohung für die deutsche Küche und ihr kulturelles Territorium betrachten. Kulturen vermischen sich und mit ihnen ändern sich auch die Ernährungsgewohnheiten: Pizza, Kebab, Hummus und so weiter sind heute in Mitteleuropa genauso selbstverständlich wie die Würstchenbude an der Ecke.

Wir erkennen in der Geschichte Europas viele Einflüsse der griechischen und römischen Kultur einschließlich ihrer Mythologie. Diese Kulturen haben die süd- und mitteleuropäische Kultur in ihrer Entwicklung stark mitbestimmt. Im 14. Jahrhundert wurden die Ideen und das Wissen der Antike mit der italienischen Renaissance sprichwörtlich »wiedergeboren«. Die Renaissance breitete sich in ganz Europa aus und beeinflusste die gesamte kulturelle Weiterentwicklung. Die Mischung der Kulturen brachte eine neue Art der Architektur, der bildenden Kunst, der Literatur und Musik hervor.

Künstler waren und sind aufgrund ihrer kreativen Leistungen offen für Neues, und vermutlich war das auch der Grund, warum sich in den verschiedenen Disziplinen der Kunst die Kulturen leichter mischten. Nicht umsonst »bricht« die Kunst sämtliche Territorien »auf«, kennt keine Grenzen, ganz gleich ob Literatur, Musik oder Malerei. Der Großteil der Künstler bezeichnet sich selbst auch als Weltbürger.

Zu erwähnen ist hier auch die Kunst des Volkes, der Stolz der ländlichen Bevölkerung, die stark regional geprägt ist. Sie schafft eine geistig-territoriale Gemeinsamkeit und damit eine Identität für das Dorf und seine Bewohner.

Natürlich macht auch der technische Fortschritt mit all seinen Disziplinen nicht halt vor Landesgrenzen. Die Zusammenarbeit von Wissenschaftlern rund um den Globus verwischt jede territoriale Grenze.

Geistiges Territorium im Wandel der Zeit

Wir haben im ersten Teil dieses Buches über das physische Territorium in all seinen Ausformungen gesprochen, darunter auch über das politische Territorium. Es wandelt sich im Laufe der Zeit, wie wir oben gesehen haben. Auch das geistige Territorium ist einem Wandel unterworfen. Das Ehemalige, das Alte, die Tradition stehen im Gegensatz zu moderner Entfaltung und Entwicklung. Das gilt für alle Bereiche unseres Miteinanders, unseres Lebens – auch für das Gebiet des Rechts und der Rechtsprechung.

Schauen wir uns einmal eine uralte Spielregel des Zusammenlebens der Menschen an: die Blutrache als Mittel der Konfliktbewältigung. Sie wurde bereits 2000 v. Chr. schriftlich erwähnt und in verschiedenen Regionen bis ins 20. Jahrhundert hinein angewandt. Familien übten Blutrache, um ihre Gemeinschaft und ihr engstes Umfeld zu verteidigen. Heute hat – zumindest in den entwickelten Rechtsstaaten – das Strafrecht die Aufgabe übernommen, Streitigkeiten unblutig zu lösen. Nur im Fall der Notwehr ist Gewalt als Mittel der Verteidigung bis heute nicht ausgeschlossen.

Der Rechtsstaat ist für den Schutz der Bürger verantwortlich und Selbstjustiz gesetzlich nicht zulässig. In manchen Kulturen allerdings – etwa im arabischen Raum – wird auch heute zum Teil noch Selbstjustiz geübt. Und auch bei uns wird sie im kriminellen Milieu großer Familienclans nach wie vor praktiziert.

Großfamilien mit traditioneller Lebensweise, wo mehrere Kinder ihre Eltern ernähren und der Besitz innerhalb der Großfamilie gehalten wird, gibt es auch hierzulande tatsächlich noch, aber nur bei Immigranten aus Südosteuropa. Ansonsten hat sich das System Großfamilie überlebt – nicht zuletzt auch deshalb, weil sich die Arbeits- und Wohnsituation verändert haben. Mit zunehmender Industrialisierung zogen Menschen vermehrt vom Land in die Städte, da es dort mehr Arbeit und mehr Möglichkeiten gab. Platz für die Großfamilie, wie davor auf dem Landgut, gibt es in der Stadt nicht mehr. Daher haben sich andere Formen der familiären Lebensgemeinschaft bilden müssen.

Heute übernimmt in Europa der Staat einige Aufgaben der Familienfürsorge. Eine gesetzliche Kranken- und Pflegeversicherung, Pensionskassen für Staatsbedienstete und viele weitere soziale und zum Teil kirchliche Einrichtungen sorgen für das Wohl der Bevölkerung. Daher ist die Großfamilie, in der von den Eltern, ihren Kindern und Kindeskindern, unverheirateten Familienmitgliedern bis hin zu Witwen und Witwern alle unter einem Dach wohnten, ein überkommenes Lebensmodell.

Die Familie ist zur Kleinfamilie geworden oder zur Patchworkfamilie, und wir haben oben bereits ausführlich über diese neuen Lebensgemeinschaften gesprochen. Auch in manchen europäischen Ländern gilt die Familie noch als »heilig«. Und entsprechend aggressiv reagieren Menschen auf Verletzungen dieses Heiligtums. Anderen sind diese heftigen Reaktionen oft unverständlich.

Nach wie vor ist die Ehe der Grundstein der Familie, gilt aber heute vielfach als bedrohte Lebensgemeinschaft. Auch darüber haben wir schon gesprochen, dass es heute alle möglichen Formen der Partnerschaft und des familiären Miteinanders geben kann: heterosexuelle Paare, gleichgeschlechtliche Paare, jeweils ohne oder mit Kindern, sowie Alleinerziehende. Nicht nur Vater und Mutter können heute Eltern sein. Die Veränderungen der Lebensverhältnisse und der Wertvorstellungen haben unsere Gesellschaft grundlegend verändert und neue Grenzen und neue Territorien geschaffen.

Neue Realitäten, neue Grenzen

Wie schon angesprochen, sind junge Menschen weitaus offener für neue Lebensweisen als ältere Menschen. Denn die junge Generation wächst in eine Welt hinein, die sich verändert. Das beste Beispiel dafür ist die digitale Revolution seit Ende des letzten Jahrtausends. In der Welt des Internets und der Computer kennen sich die *Digital Natives* sehr gut aus. Die meisten von ihnen beherrschen die Klaviatur der Social Media perfekt. Mit Facebook, Instagram, Twitter und Co. lassen sich die meisten Grenzen der Welt überwinden, allerdings beschneiden autoritäre Staaten solche Freiheiten schon längst mit Internetsperren, was natürlich eine territoriale Einschränkung bedeutet.

In den freien Ländern kann jedes Ereignis sofort in Echtzeit online präsentiert werden. »Freunde« und Follower sind überall mit dabei, wenn auch nur virtuell. Mit den Social Media hat sich eine vollkommen andere, neue Art von Darstellung der eigenen Person in der Gesellschaft entwickelt. Wer bin ich? Wer möchte ich sein? Für viele Menschen ist die Offenheit, mehr oder weniger jeden Schritt des Lebens mit der halben Welt zu teilen und dafür Anerkennung in Form von Likes oder Thumbs Up zu erwarten, inzwischen völlig normal. Die Welt rückt damit zusammen, und das hebt Grenzen auf. Die Realität und die virtuelle Welt verschwimmen und werden oft fast gleichgestellt.

Für diese Generation ist es auch völlig normal, in der Arbeitswelt weltweit vernetzt und ständig online zu sein. Projekte laufen virtuell, und Kollegen können zeitgleich daran arbeiten, auch wenn sie überall auf der Welt verstreut sind und in unterschiedlichen Zeitzonen leben. Da stellt sich die Frage: Welchen Einfluss hat die Globalisierung auf unsere territorialen Empfindungen? Heute empfinden wir vielleicht eher eine ökonomische Zugehörigkeit als eine staatliche. Zu welchem ökonomischen Block gehören wir?

Die Globalisierung hebt einerseits die Enge der Territorien auf, andererseits reicht das Netz von Abhängigkeiten in der Produktion von Gütern weit über die Landesgrenzen hinaus. Wir wissen, dass ein Produkt, das wir in der Hand haben, vielleicht aus Bestandteilen besteht, die in verschiedenen Ländern gefertigt wurden. Die Teile wurden dann irgendwo versammelt und in einem anderen Land zusammengebaut, zusammengefügt oder zusammengenäht (bei Kleidung). Vielleicht sind dann auch noch mehrere Länder an der Verteilung des Produkts in alle Welt beteiligt.

Ganz gleich, wo auf der Welt wir uns gerade aufhalten, ein Produkt kann uns auf einer geistigen Ebene alle miteinander verbinden. Denken wir nur einmal an die Welt von Apple oder Microsoft. Mit einem Produkt dieser Marken bewegen wir uns auf einem bestimmten Territorium, das grenzüberschreitend ist.

Große virtuelle Netzwerke verbinden uns miteinander. Es ist nicht auszuschließen, dass das auch zu einer Erweiterung unseres geistigen Territoriums führt.

Greifen wir nur ein Beispiel aus dem oben bereits mehrfach angesprochenen Bereich der Kunst und Kultur heraus: Die Musik hat es geschafft, sich über territoriale Grenzen in alle Welt zu verbreiten, ganz gleich ob klassische Musik oder Popmusik. Einzelne Musikrichtungen haben eine *community*, eine Schar von Liebhabern dieser Musiksparte. Jeder, der diese Art von Musik mag, fühlt sich zugehörig. Besuchen wir ein Konzert der irischen Rockband U2, fühlen wir uns im Territorium der U2-Anhänger zu Hause, ganz gleich, ob wir in Tokio oder Berlin sind. Wir identifizieren uns mit einem größeren – sogar weltweiten – geistigen Territorium. Wir erweitern unsere Grenzen.

Die Zukunft wird die territorialen Grenzen der geistigen Welt noch weiter verändern, und wahrscheinlich werden wir in vollkommen neuen Lebenssystemen existieren. Die ältere Generation, zu der ich auch gehöre, fühlt sich dadurch vielleicht ein wenig bedroht. Aber wenn wir Älteren aufgeschlossen bleiben für neue Entwicklungen, können wir auch im Rahmen gemeinsamer Territorien Seite an Seite mit den Jüngeren leben.

Zwei Generationen, zwei Territorien

Die Menschen leben heute länger als noch vor wenigen Jahrzehnten. Daher gibt es seit einiger Zeit einen deutlichen Umbruch in der Vorsorge für die ältere Generation. Auf einmal bedarf es größerer Anstrengungen als früher, mehr Kraft, mehr Geld und mehr Institutionen, um der Alterspyramide gerecht zu werden. Da in den meisten westlichen Ländern die Geburtenrate zurückgegangen ist, müssen weniger junge Menschen für mehr alte Menschen sorgen. Wir sprechen vom sogenannten Generationenvertrag, das heißt davon, dass die Jungen mit ihren Sozialversicherungsbeiträgen die Versorgung der nicht mehr arbeitenden Älteren mitfinanzieren. Je weniger Junge die Gesamtlast tragen müssen, desto ungerechter empfinden die Jungen dies: »Warum müssen wir diese alten Leute so lange unterstützen, wenn sie selbst nichts dazu beitragen?«

Solche Aussagen sind natürlich wenig freundlich. Meiner Ansicht nach sollte es gesetzliche Regelungen geben, damit die jungen Leute nicht zu sehr belastet werden und ein Kampf zwischen den Territorien Jung und Alt vermieden werden kann. Ich habe da allerdings auch keinen konkreten Lösungsvorschlag. Doch mit Sicherheit wird es Veränderungen in der Finanzierung des sozialen Systems in Zukunft geben.

Einen offenen Geist für das Miteinander zu bewahren, fällt nicht immer leicht. Generell ist es nicht einfach, sich für neue Dinge zu öffnen. Wenn Entwicklungen aber langsam, also Schritt für Schritt, stattfinden, wachsen wir gut ins Neue hinein. Wenn es uns zu schnell geht, verlieren wir die Orientierung. Man kann das Alte dann noch nicht verlassen, weil das Neue sich noch im Entstehungsprozess befindet. Noch fehlt die Erfahrung mit dem Neuen, das irgendwann einen sicheren, festen Boden – so wie das Alte vorher – bieten wird. Wir sitzen dann ein wenig zwischen zwei Stühlen. Die emotionalen Empfindungen sind immer noch an das Vergangene gebunden, wir fühlen noch das Alte. Wir wünschen uns aber schon das Neue, wir wünschen uns, Flügel zu haben, um uns über das Alte zu erheben. Das Neue muss uns ein Gefühl von Stärke, von stabiler Sicherheit vermitteln, damit wir die Orientierung nicht verlieren. Denn wir brauchen Grenzen. Es ist sehr schwer für uns, ohne jegliche Grenzen zu leben. Allerdings stellt sich die Frage, welche Grenzen wir brauchen und wie groß und wie weit die Territorien sein sollen. Das ist individuell verschieden. Wie viel Toleranz bringen wir für andere Menschen und für uns Unbekanntes auf? Wie groß ist unsere Offenheit, um das Neue anzunehmen?

Die Welt öffnet sich. Wir reisen mehr, wir reisen schneller, wir erleben andere Kulturen. Und der Einfluss von einer Kultur auf die andere wird immer größer. Das heißt, es gibt in der westlichen Welt durch den starken kulturellen und ökonomischen Austausch schon einen gewissen Ausgleich. Dies trifft aber noch nicht auf alle Länder der Erde zu. Zwar sind hier die Grenzen im ökonomischen Bereich bereits aufgehoben – wir treiben Handel mit allen Ländern der Erde, aber viele geistige Territorien existieren noch strikt getrennt. Wir tragen zwar T-Shirts, die in China produziert werden, aber leben in ganz unterschiedlich regierten Staaten mit stark voneinander abgegrenzten politischen Ideologien. Hier gibt es keine Synchronisierung wie in der Ökonomie.

Weltweit werden kleine Gruppen versuchen, alte Identitäten zu erhalten und gegen Neues zu kämpfen. Sie empfinden es als Verlust, ihre alten Identitäten für neue zu opfern. Die USA, die im Prinzip von Immigranten aufgebaut wurde, haben – zumindest in den Städten – die Balance zwischen traditionellen und neuen Lebensweisen herstellen und erhalten können. Ein wichtiger Aspekt dabei war die allen gemeinsame Sprache. In allen Vereinigten Ländern von Amerika wird Englisch gesprochen.

Anders ist es in Europa, wo jedes Land seine eigene Sprache pflegt, auf die keines der Länder verzichten will. Der Geist eines Volks ist verbunden mit seiner Sprache (auch mit den Dialekten der einzelnen Regionen), seiner Literatur und Lebenskultur. Europa hat noch einen weiten Weg vor sich, bis es sein Ziel erreicht, eine Gemeinschaft zu sein, in der sich alle Europäer wohlfühlen und stolz darauf sind, Europäer zu sein. Die einzelnen Staaten grenzen sich noch sehr stark voneinander ab. Sogar der Binnenhandel »stolpert« noch, weil die Offenheit fehlt oder sogar rückläufig ist. Wir erleben das gerade am Beispiel Brexit. Die Briten träumen immer noch davon, das große Empire zu sein. Oder fühlen sie sich einfach mehr dem angloamerikanischen Sprachblock zugehörig? Vielleicht werden sie noch entdecken, dass Identität heute bedeutet, sich zu einem ökonomischen oder machtpolitischen Block zugehörig zu fühlen, ohne den Geist der individuellen Tradition verlieren zu müssen. Vielleicht werden wir in Zukunft zwei territoriale Identitäten haben – eine globale und eine lokale.

Ein anderes Wir-Gefühl wird notwendig. Möglicherweise stärkt das den Wunsch nach Offenheit in uns. Wir helfen bei der Integration eines neuen Europas. Andere Kulturen zu akzeptieren, ist der erste Schritt, um sie anzugleichen. Es wird dann nicht mehr die deutsche, die französische oder italienische Kultur allein geben, sondern daneben die europäische Kultur – mit einem großen gemeinsamen Wir. Der Weg dorthin ist noch sehr weit. Vielleicht sind die physisch sichtbaren Grenzen leichter aufzuheben als die geistig-unsichtbaren Grenzen, die uns trennen. Möglicherweise brauchen wir noch mehr innere

Reife. Ein Akzeptieren von neuen Gedanken und neuen Werten wird notwendig sein, um aus vielen unterschiedlichen Kulturen, die sich gegenseitig bereichern können, ein neues Wir zu bilden.

Identität

Je größer ein physisches Territorium ist, je besser es ist, umso bedeutender und stärker ist dieses Territorium. Sobald wir uns in einem geistigen Territorium bewegen, bemerken wir, wie schwer Grenzen zu definieren sind. Jeder vollzieht das für sich in seinem Kopf. Wir identifizieren uns mit unserem gedanklichen Raum. Unsere Identität ist mit unserem geistigen Territorium verknüpft, sie beinhaltet alles, was uns prägt. Unsere Gedanken, unsere politische Einstellung, unseren Glauben: Wir definieren uns oft über einfache Aussagen wie: »Ich bin Demokrat.« Oder: »Ich bin Sozialist.« Oder: »Ich bin Kapitalist.« Oder: »Ich bin Christ.« Oder: »Ich bin Jude.« Das sind Etiketten, mit denen wir uns markieren. Wir definieren uns damit durch unsere Zugehörigkeit zu einer Gruppe mit gemeinsamen Idealen, Werten und Zielen. Wir tragen ihre Symbole, wir benutzen ihre Sprache und verhalten uns entsprechend ihrer Lebensart. Das heißt, der Verlust eines geistigen Raums kann auch der Verlust des eigenen Selbstbewusstseins sein. Jemand, der keinen Einfluss auf die Gemeinschaft hat, dessen Gedanken unberücksichtigt bleiben, der nichts zu sagen hat, wird von der sozialen Gruppe weniger oder gar nicht wahrgenommen. Das heißt, jeder von uns verteidigt seinen Glauben, seine Gedanken, weil seine eigene Identität und damit auch das Selbstbewusstsein daran gebunden sind.

Das wird uns schon in der Kindheit eingeprägt oder wirkt durch Erziehung und individuelle Bildung in unserer Kultur. Wir sprechen von einem »braven« oder »schlimmen«, von einem »guten« oder einem »schlechten« Kind. Ein »gutes, braves« Kind hat mehr Rechte in der Familie, es genießt vielleicht mehr Vorteile als das »schlechte, schlimme« Kind, das eher bestraft wird. Die Leistung, die ein Kind bringt, ob im Sport oder in der Schule, fördert sein Selbstbewusstsein und seine Identität innerhalb seiner sozialen Gruppe. Ist es gut, hat es damit mehr Raum. Ein guter Schüler wird mehr Anerkennung von den Eltern, aber nicht unbedingt von den Mitschülern bekommen. Die werden ihn vielleicht als Streber ansehen. Die Gemeinschaft braucht die Leistung jedes Einzelnen, und jeder Einzelne vergleicht seine Leistung mit der der anderen, um seinen eigenen Wert und seine soziale Position in der Gruppe zu definieren. Hieraus erwächst die Angst, der andere könne besser sein als man selbst. Die Angst und der Vergleich führen zu Neid. Und so bekämpft der Einzelne erfolgreich andere Menschen und versucht, deren Leistungen schlecht zu machen. Nicht immer betrachtet die Gemeinschaft den einzelnen Leistungsträger positiv, sondern empfindet ihn auch als Streber, obwohl sie eigentlich einen großen Gewinn verbuchen kann mit erfolgreichen Menschen wie ihm. Wir vergleichen uns ständig mit anderen. Wenn wir wahrnehmen, wo wir stehen, was wir können, ist das immer ein Vergleichen von Leistungen – unserer eigenen und der von anderen um uns herum.

Zurück zu der Frage »Wer bin ich?«. Sie ist schwer zu beantworten. Physisch gesehen ist das kein Problem, aber wir definieren einen Menschen nicht nur als biologischen Organismus. Der Mensch besitzt auch Vernunft und Verstand. Und der Geist des Menschen formt sich in seiner sozialen Umgebung, in der er lebt, und durch das, was er denkt und tut. Unser Denken, unser Selbstverständnis, unsere Werte sind Teile unseres Ichs.

Die Frage, wer wir sind, ist also nicht einfach zu beantworten. Wer definiert das Ich? Nach welchen Kriterien und im Vergleich wozu? Zu welcher Gruppe gehört das Ich? Und was unterscheidet es von den anderen?

Ich erinnere mich in dem Zusammenhang immer gern an die Geschichte vom »Indianerstamm« beim Zahnarzt. Sie kennen sie bestimmt: Beim Zahnarzt melden sich unterschiedliche Stimmen in uns. Der Mut-Häuptling sagt: »Sehr tapfer, dass du zum Arzt gegangen bist.« Der Angst-Häuptling meint dagegen: »Bist du verrückt? Das tut bestimmt weh, lass uns wieder gehen.« Der Vernunft-Häuptling lobt: »Sehr brav und vernünftig, dass du den Zahn anschauen lässt.« So sagt uns jeder Indianer etwas anderes. Das Gleiche gilt, wenn wir fragen, wer wir in einem sozialen Rahmen sind. Mann? Frau? Was definiert einen Mann? Was eine Frau? Geht es nach Geschlecht oder nach Eigenschaften? Die Eigenschaften sind von der jeweiligen Kultur abhängig. Jede Gruppe definiert andere Eigenschaften als männlich oder weiblich. Denken Sie nur einmal an Folgendes: Männer haben in Mitteleuropa gewöhnlich einen starken Händedruck, in Südeuropa und im orientalischen Raum dagegen eher einen weichen, fast zärtlichen, den wir hierzulande eher als weiblichen bezeichnen würden.

Wenn jemand sagt: »Ich bin ein Freund.« Was bedeutet diese Aussage? Was sind die Spielregeln, die mich zu einem »guten« oder zu einem »schlechten« Freund machen? Bin ich ein guter Freund, bekomme ich ein größeres Territorium, das heißt, ich werde mehr geschätzt als ein schlechter Freund. Nenne ich mich dann also einen »guten Freund«? Und wenn die anderen das nicht anerkennen? Verliere ich dann meine Identität? Oder nur einen Teil davon? Meine Identität vereint alles, was mit mir persönlich und mit der Kultur, aus der ich komme, und mit meiner Lebensanschauung, meinen Werten verbunden ist. Meine Identität ist also eine Art von Mosaik. Jedes herausgerissene Steinchen hinterlässt ein Loch in meiner Identität, in meiner Persönlichkeit. Mit der Veränderung meiner Werte verändert sich auch meine Identität. Bis ich eine neue Identität voll annehmen kann, leide ich an einem inneren territorialen Verlust. Die Identität ist aber nichts Starres, sondern unterliegt in ihrer Ausformung einem Prozess. Mit zunehmenden Lebensjahren und wachsender Lebenserfahrung nehmen wir Neues auf und geben Älteres ab, ein Kern aber bleibt immer vorhanden. Die Integration in eine neue Kultur oder in ein neues Land birgt die Gefahr, die eigene Identität zu verlieren, bis wir uns neu definiert haben. Dazwischen liegt ein kleiner territorialer Verlust: Wo bin ich? Bin ich überhaupt? Welche Anschauungen vertrete ich? Die Definition meines eigenen Ichs, meines eigenen Selbstbewusstseins, meiner geistigen Räume hängt davon ab. Es ist sehr schwer und es macht uns Angst, ein Stück unseres Territoriums zu verlieren. Wir kämpfen auf allen Ebenen darum, unser angestammtes geistiges Territorium zu erhalten, denn davon hängen unser Ich, unser Selbstbewusstsein und die Anerkennung in unserer sozialen Gemeinschaft ab.

Das jiddische Phänomen

Der US-amerikanische Anthropologe Robert Ardrey behandelt in seinem Buch *The Territorial Imperative* ein Phänomen, über das ich hier auch gerne sprechen möchte: die Verbundenheit des jüdischen Volkes mit einem jahrtausendealten Mythos. Niedergelegt ist er im *Alten Testament* – mit seinen Gesetzen, seinen Helden und Lebensgeschichten. Die Juden haben sich mit einem Versprechen, das Gott ihnen gab, auf den Weg in ein Land begeben. Jahre später haben sie es erreicht, erobert und damit ihr physisches Territorium gefunden und gestaltet. Sie haben es aber nur eine bestimmte Zeit über halten können, dann wurde ihr Land von den Römern erobert, und die Juden wurden vertrieben. 2000 Jahre lebten sie ohne eigenes physisches Territorium, und trotzdem verhielt sich das jüdische Volk so, als ob es ein physisches Territorium besäße. Egal wo in der Welt die Juden sich aufhielten, ihr geistiges Territorium in Form von Gesetzen, sozialen Spielregeln, Sitten, Bräuchen, Verhaltensweisen und Traditionen hielten sie aufrecht. Sie behielten ihre Gesetze und wandten sie an, als ob es Staatsgesetze gewesen wären. Sie konsultierten ihre eigenen Richter, die Rabbiner, und sie bewahrten ihre Art, sich zu kleiden. Sie hatten ihre Bücher, die ihnen das angemessene Alltagsverhalten vorschrieben, und behielten ihre alten biblischen Namen und natürlich auch die hebräische Sprache. All das ist eine sehr starke Markierung für ein geistiges Territorium. Die Einhaltung der eigenen Gesetze wurde unter dem Druck der Gemeinde durchgesetzt, ohne Polizei, ohne staatliche Organe. Natürlich wurden darüber hinaus auch die Gesetze des jeweiligen Landes, in dem die Juden lebten, respektiert, aber ihre Sitten blieben gleichzeitig bestehen. So schafften die Juden es, 2000 Jahre lang als ein Volk mit eigenen Gesetzen und eigenen Richtern zu existieren, ohne ein eigenes Land zu besitzen. Die Gründung eines eigenen Staates auf einem eigenen Territorium wurde als Traum hochgehalten. Am Ende jeden Gebets wurde gesagt: »Nächstes Jahr in Jerusalem«, damit der Traum nicht in Vergessenheit geriet. Ohne Land, zerstreut in der ganzen Welt, konnten die Juden als Volk für sich überleben – ihre Identität nur durch die sehr strenge Anwendung ihrer eigenen Gesetze bewahren. Rund um sie herum galten andere Lebensarten, andere Gesetze, ein anderer moralischer Code.

Die zionistische Bewegung hat versucht, sich von der Religion und ihrer Strenge mehr und mehr zu befreien. Eine moderne, eine offene Art hielt Einzug. Man versuchte, sich an eine zeitgemäße Denkweise und einen neuen Lebensstil anzupassen. Diese Bewegung wollte den langjährigen Traum vom physischen Territorium realisieren – anders als die streng orthodoxe Bewegung, die auf ein Zeichen von Gott wartet, auf einen »Messias«, der sie ins Gelobte Land bringt. Die zionistische Bewegung hat es mit der Hilfe der sozialistischen Bewegung geschafft, nach Israel zu kommen. Aber das Land, das eigene physische Territorium, musste erst erobert werden. Und im zweiten Schritt musste es auch verteidigt werden. Anfangs kauften die jüdischen Siedler Land von den Arabern, die dort wohnten, dann erkämpften sie Land und verteidigten es. Bis heute erkämpfen und verteidigen Juden ihr Territorium. Mit der Existenz eines physischen Territoriums veränderte sich etwas Entscheidendes für die Juden: Plötzlich besitzen sie Land, haben einen eigenen Staat, den sie gestalten können. Ihr Traum existiert nicht mehr nur im Geist und in den Köpfen der Menschen, sondern er ist real geworden. Die zionistische Bewegung hat den Traum vom eigenen Staat wahr gemacht. Die Gesetze dieses neuen Staates setzen sich aus religiösen und nicht religiösen Paragrafen zusammen. Das neue Israel hat sich vom Image der Diaspora-Juden befreit. Sie tragen andere Kleider, sie haben sich andere Namen ausgesucht, sie haben ein komplett anderes Selbstbild geschaffen als das der religiösen Juden, also der sogenannten Diaspora-Juden. Und damit gab es plötzlich eine Trennung zwischen religiösen und säkularen Juden. Auf der einen Seite wurde der Unterschied optisch deutlich – moderne Kleidung und Frisuren, ein offener Umgang von Männern und Frauen miteinander –, auf der anderen Seite durch neue Ideen, Offenheit für säkulare, nicht religiöse Weltanschauungen und Lebensweisen. Jetzt, wo es ein eigenes Land gab, schien die Strenge in der Ausübung jüdisch-religiöser Lebensart nicht mehr notwendig zu sein. Trotzdem versuchte das Volk, eine Balance zwischen den neuen staatlichen und den alten religiösen Gesetzen des Judentums herzustellen. Das ging so lange gut, wie die neue zionistische Bewegung in der Mehrheit war. Heute kommen mehr und mehr religiöse, streng orthodoxe Juden nach Israel und bestimmen mehr und mehr mit, was im Land geschieht. Ein Teil von ihnen erkennt den physischen Staat Israel gar nicht an. Sie glauben nach wie vor, dass Messias, den sie als rechtmäßigen Gott erwarten, ihnen ein Land geben wird, das nicht erobert werden muss. Ein Teil des jüdischen Volkes versucht, innerhalb des Staates Israel das alte Glaubenssystem aufrechtzuerhalten, die alten Gesetze, die alte Lebensart aus der Zeit, in der es noch kein physisches Territorium gab.

Heute führt das zu Konflikten zwischen beiden Seiten, man kann fast sagen, zu Bewegungen. Die einen Menschen passen sich der neuen Realität an und versuchen – wie andere Völker in anderen Ländern – mit dem Gefühl der Sicherheit zu leben, die ihnen ein reales Territorium vermittelt. Die Menschen der anderen Seite leben noch immer nur auf der geistigen Ebene und ignorieren die Tatsache, dass es mittlerweile einen physischrealen Staat Israel gibt. Ob und wie dieser Konflikt zwischen den beiden Bewegungen gelöst werden kann, ist nicht vorherzusagen. Das wird die Zukunft zeigen.

Minus-Territorium

Zu guter Letzt wage ich mich noch an einen Aspekt von Territorium, den ich »Minus-Territorium« nenne. Was heißt das? Ein Minus-Territorium bezeichnet ein Manko. Das Minus-Territorium entsteht in unserem Gehirn und ist daher geistiges Territorium. Es geht dabei um alles, was wir uns wünschen und begehren, aber nicht haben. In unseren Köpfen entstehen solche Minus-Territorien, solche Vakua, wenn Pläne, Wünsche, Träume unerfüllt bleiben. Die Leere bereitet uns Probleme, wir sind unzufrieden damit. Unsere Bedürfnisse bleiben in unseren Gedanken, und da wir sie nicht real befriedigen können, baut sich eine gewisse Frustration auf. Negative Gefühle entstehen. So ein Minus-Territorium greift selbstverständlich auch das Selbstbewusstsein an, das Ich. Die Leere kann verschiedene Emotionen auslösen wie Aggression und Frustration, und sie kann auch zu Minderwertigkeitskomplexen führen. Das ist schwer zu ertragen. Dieses Minus-Territorium lässt sich reduzieren, wenn wir Träume zwar schön finden, sie aber mit Distanz betrachten. Wir müssen sie nicht unbedingt erreichen. Umgekehrt gilt: Je mehr sich jemand für seine Wünsche engagiert, je mehr er stundenlang grübelt, umso mehr will er seine Träume auch realisieren. Gelingt ihm das nicht, wächst das Minus-Territorium. Gefühle wie Neid oder Eifersucht entstehen.

Wie gesagt, das Minus-Territorium können wir minimieren oder tilgen: Von etwas zu träumen ist schön, aber wir müssen nicht unbedingt alles erreichen, was wir uns erträumen.

Schlusswort

Herzlichen Dank, dass Sie mich bis hierher auf meiner Gedankenreise begleitet haben. Ich kann und möchte Ihnen auf viele der aufgeworfenen Fragen keine Antworten geben. In den meisten Themen gibt es mehrere Optionen für Antworten, die auch in Zusammenhang stehen mit der laufenden Entwicklung unserer Gesellschaft, wie wir ja im Buch schon gesehen haben. Ich will auch keine Ratschläge erteilen. Das Thema ist viel zu komplex und umfasst alle Felder unseres Lebens.

Mein Ziel ist es, Ihnen bewusst zu machen, dass Territorium ein wichtiger Teil in vielen Lebensbereichen ist. Wie jeder von uns damit umgeht, bleibt dann die eigene Entscheidung, und diese kann und will ich nicht beeinflussen. Wenn uns aber in einer Situation bewusst ist, worum es geht und was hinter Verhaltensweisen oder Gefühlen steht, dann tun wir uns im Alltag leichter. Wir sind sensibilisiert und betrachten Situationen und Menschen aus einem anderen Blickwinkel und können mehr Verständnis für unsere Umgebung aufbringen. Als Künstler habe ich das Gefühl, dass es meine Aufgabe ist, nicht als Besserwisser dazustehen, sondern die Empfindungen zu mir und meiner Umgebung vor den Vorhang zu bringen und bei Ihnen, geschätzte Leser, quasi bei meinem Publikum, das Licht anzumachen und bei Ihnen Gedanken und Empfindungen wachzurufen.

Zufriedenheit oder Unzufriedenheit, das Gefühl von Sicherheit oder Unsicherheit sind ständige Begleiter in unserem Leben. In der negativen Ausprägung hängen diese Gefühle oft mit dem Wunsch nach Zugehörigkeit zu einer Gruppe zusammen – egal ob zu einer Menschengruppe, einer Idee oder einer Partei. Irgendwo dazuzugehören, ist unser Anker, das macht unser Leben lebenswert. Die heutige Flexibilität, sich vom ländlichen Bereich in die Großstadt oder von einem Land zu einem anderen zu bewegen, ist oft begleitet damit, sich fremd, isoliert oder verloren zu fühlen. Der Hintergrund dafür liegt in territorialen Themen. Alleinsein, ohne ein Territorium, zu dem wir gehören und das wir verteidigen müssen, ist nicht gut, egal ob physisch oder geistig. Wir sind soziale Lebewesen, und dadurch werden wir immer mit territorialen Themenstellungen zu tun haben. Toleranz, Verständnis und Menschenliebe im Herzen helfen uns im Alltag dabei immer weiter.

Ich hoffe, ich konnte bei dem einen oder anderen von Ihnen sein geistiges Territorium etwas erweitern, um neue Gedanken bereichern und das eine oder andere Aha-Erlebnis auslösen.

Danksagung

Zunächst möchte ich mich beim Ariston Verlag bedanken, der mir all die nötige Zeit eingeräumt hat, um dieses Buch in meinem Tempo fertigstellen zu können. Ich danke auch für das Vertrauen, das mir geschenkt wurde, dieses Thema zu behandeln und es als Buch zu veröffentlichen.

Ein besonderer Dank geht an die Redakteurin Maria Koettnitz, die mich in ihrer sehr professionellen Weise unterstützt hat, meinen Gedanken eine Struktur zu geben. Unsere Gespräche über die eine oder andere Formulierung haben mich angespornt, mich noch tiefer mit dem Thema auseinanderzusetzen. Nicht zuletzt hat sie als Lektorin meinen Worten noch den letzten Schliff gegeben. Herzlichen Dank auch dafür.

Danke auch an Andrea Tenschert, die in den letzten vier Jahren immer ein offenes Ohr für mich sowie für meine Gedanken und Ideen zu diesem Thema hatte. Durch unsere unzähligen gemeinsamen Gespräche konnten meine Gedanken mehr und mehr Gestalt annehmen. Letztendlich konnte ich mit ihrer tatkräftigen Unterstützung meine Gedanken in deutscher Sprache zu Papier bringen.

Ganz zum Schluss noch einmal Danke an Sie/euch, meine Leserinnen und Leser für Ihr/euer Interesse an meinen Gedanken zu diesem Thema. So hat sich die Mühe der letzten Jahre gelohnt.